北京市公路工程平安工地标准

Standard for Safe Construction Site of Highway Engineering in Beijing

北京市交通委员会路政局
交通运输部科学研究院 主编

人民交通出版社

图书在版编目(CIP)数据

北京市公路工程平安工地标准/北京市交通委员会路政局,交通运输部科学研究院主编. — 北京:人民交通出版社,2011.9

ISBN 978-7-114-09407-1

Ⅰ.①北… Ⅱ.①北… ②交… Ⅲ.①道路工程—施工现场—安全管理—标准—北京市 Ⅳ.①U415.12-65

中国版本图书馆 CIP 数据核字(2011)第 192274 号

北京市公路工程平安工地标准

北京市交通委员会路政局
交通运输部科学研究院 主编

人民交通出版社出版发行

(100011 北京市朝阳区安定门外外馆斜街 3 号)

各地新华书店经销

北京交通印务实业公司印刷

开本:880×1230 1/16 印张:6 字数:110 千

2011 年 9 月 第 1 版

2011 年 9 月 第 1 次印刷

印数:0001-3000 册 定价:25.00 元

ISBN 978-7-114-09407-1

《北京市公路工程平安工地标准》
编 委 会

关于印发《北京市公路工程平安工地标准》的通知

京交路安发〔2011〕160号

各相关单位:

为落实交通运输部开展公路水运工程平安工地建设活动工作安排,我局组织编写了《北京市公路工程平安工地标准》(以下简称《标准》),现印发给你们。请各相关单位认真组织学习,在公路工程建设中严格按照《标准》要求,进一步加强公路工程建设安全生产管理。

各单位在实践中应注意积累资料,总结经验,及时将发现的问题和修改意见函告北京市交通委员会路政局安全监管与应急处(北京市西城区广安门内大街317号,邮编100053)。

《标准》由北京市交通委员会路政局与交通运输部科学研究院共同编写,标准的管理权和解释权归北京市交通委员会路政局,日常具体解释工作由交通运输部科学研究院负责。

特此通知。

北京市交通委员会路政局

二○一一年八月四日

序

全国公路水运工程“平安工地”建设活动开展一年多来，北京市交通路政行业各单位，认真学习领会冯正霖副部长在全国公路水运工程“平安工地”建设活动部署电视电话会议指示精神，以推进我市交通路政行业安全管理水平整体提升为目标，以公路安全生产标准化建设为重点，紧紧围绕交通运输部“平安工地”“安全制度落实、安全培训教育、隐患排查治理、安全费用使用”等六方面重点工作，提出以“试点”带动“局部”定标准，以“局部”带动“全面”抓落实，重点实现“平安工地”长效机制的总体工作思路，强化落实“两个主体”责任，通过对公路工程“平安工地”建设的试点，有目的、有针对性地对公路、桥梁、隧道等安全生产监管标准化建设进行积极探索和实践。

北京市交通委路政局在开展“平安工地”建设活动试点的基础上，紧密结合交通运输行业“十二五”发展规划目标，以“安全发展”为中心，坚持“以人为本、安全第一、预防为主、综合治理”的方针，把事故预防作为促进安全生产的主攻方向，把规范安全管理和施工作业行为作为促进安全生产的重要保障，把加强基层、基础工作作为促进安全生产的两个着力点，根据北京市公路工程建设特点，组织编写了《北京市公路工程平安工地标准》。该标准的颁布实施将规范我市公路工程建设各从业单位的安全生产行为，进一步强化公路施工现场安全防护标准化、场容场貌规范化、安全管理制度化、制度标准程序化的建设工作，形成公路工程现场与建设市场的联动约束机制，充分发挥市场和社会对施工安全行为的促进作用，引导和督促公路工程从业单位把“打造百年平安企业”作为不懈追求和发展愿景，实现安全监管从静态向动态转变，从粗放式向精细化转变，从被动、滞后向主动、超前转变，全面夯实我市公路工程建设安全监管工作基础，推进我市公路建设安全监管长效机制建设。

“十二五”时期是全面建设小康社会的关键时期，是北京市交通路政行业贯彻实施“人文交通、科技交通、绿色交通”行动计划的关键阶段，是公路建设行业转变发展方式、提升发展质量的关键时期。在加快建设和发展的同时，我们应始终牢记“本质安全”及“安全生产工作始终坚持从零开始”的理念，大力推行公路工程施工安全标准化建设。公路建设各从业单位要坚持“以人为本、安全第一、预防为主、综合治理”的方针，认真贯彻落实《北京市公路工程平安工地标准》，把事故预防作为促进安全生产的主攻方向，把规范安全管理和施工作业行为作为促进安全生产的重要保障，把加强基层、基础工作作为促进安全生产的两个着力点，积极深入开展“平安工地”建设工作，不断探索和创新，全面提升我市公路工程建设安全管理水平。

北京市交通委员会路政局局长

前　言

为进一步规范北京市公路工程安全生产建设行为，北京市交通委员会路政局抓住机遇，结合北京市公路特点，围绕公路工程建设管理工作，组织编写了《北京市公路工程平安工地标准》（以下简称《标准》），旨在通过本标准的贯彻实施，切实加强北京市公路工程建设安全生产“双基”工作，全面提高北京市公路工程建设安全生产监管水平。

为增强《标准》的科学性、适用性和可操作性，我们充分吸收近年来公路工程建设相关安全生产法律法规、部门规章、规范性文件等的指示精神，对北京市公路工程建设施工安全管理制度、施工现场管理、安全生产教育培训、安全生产费用管理、隐患排查管理等经验，进行充分总结和归纳，在充分借鉴其他兄弟省份成功做法的基础上，北京市交通委路政局委托交通运输部科学研究院组成标准编写组，依托中交一公局白河大桥迁建工程项目，选择具有长期从事工程安全生产管理工作的业务骨干配合开展编制工作。在标准编制过程中，编委会以召开座谈会、调研会、模拟检查考核等形式，广泛吸取监督、建设、施工、监理等单位相关专家的意见和建议，经过四次修改完善，历时近一年时间完成书稿编制。

本《标准》紧紧围绕“平安工地”六个方面的要求，共设立包括总则、安全生产组织机构与职责、施工现场规划与布置、施工通用安全防护设施设置要点、公路工程施工安全防护、安全生产教育培训、安全生产费用管理、隐患排查管理等共八章、三十四节内容，同时编制了平安工地验收考核评判标准及检查表，在内容和形式上，既方便施工项目在制度建设和施工现场的安全管理，同时设计的检查表便于主管部门对平安工地工作的考核管理，力争将平安工地建设作为一项长效机制，常抓不懈。

在《标准》编写和修改过程中，北京市交通委路政局主管领导、相关处室、北京市交通委路政局各区县公路分局、北京市道路工程质量监督站、北京市首都公路发展集团有限公司、北京国投公路建设发展有限公司、北京市公联公路联络线有限责任公司等单位以认真、负责的态度，提出许多宝贵的意见和建议。尤其是密云公路分局、中交一公局白河大桥迁建工程项目经理部，对本项目的编写、考核评价模拟工作给予极大的协助，在此表示感谢。交通运输部工程质量监督局安全处领导也对本标准给予极大支持和关心，在此表示衷心的感谢。

公路工程安全生产影响因素很多，因篇幅有限，本《标准》仅规范了公路工程安全生产管理过程中的一些原则和做法，供使用者参考。由于编者水平有限，《标准》中内容难免有所纰漏，不当之处，欢迎批评指正。

编者
2011 年 9 月 8 日

目　　录

1 总则

1.1 编制目的

为贯彻落实交通运输部《关于开展公路水运工程平安工地建设活动的通知》(交质监发〔2010〕132 号)要求,切实把安全生产法律法规、技术标准落实到基层,全面夯实安全工作基础,做到施工现场安全防护标准化、场容场貌规范化、安全管理程序化,建设各方安全生产责任全面落实,安全培训教育扎实有效,提高从业人员安全意识和施工安全风险管理水平,结合北京市公路工程建设实际特点,特编制本标准。

1.2 编制依据

《中华人民共和国安全生产法》(2002 年第 70 号主席令);

《中华人民共和国建设工程安全生产管理条例》(2003 年第 393 号国务院令);

《公路水运工程安全生产监督管理办法》(2007 年第 1 号交通部令);

《北京市安全生产条例》(北京市第十三届人民代表大会常务委员会公告第 16 号);

《北京市人民政府关于进一步加强企业安全生产工作的通知》(京政发〔2010〕40 号);

《公路工程施工安全技术规程》(JTJ 076—95);

《水运工程施工安全防护技术规范》(JTS 205－1—2008);

《安全标志及其使用导则》(GB 2894—2008);

《企业安全生产标准化基本规范》(AQ/T 9006—2010)。

1.3 编制原则

本标准坚持“以人为本”的原则,从保护人员生命财产安全出发,按照科学性、适用性、可操作性的原则编制。

1.4 适用范围

本市高速公路工程建设项目及列入北京市交通委路政局一般公路新改建工程计划项目,其他公路工程项目可参照执行。

1.5 主要内容

按照《关于开展公路水运工程平安工地建设活动的通知》(交质监发[2010]132号)文件指示精神,本标准围绕"安全制度建立和安全责任制落实;危险性较大工程专项方案制订、审查和执行;劳动用工登记和岗前安全培训教育;隐患排查治理;施工场地总体布设、施工驻地建设、施工作业安全防护;安全专项费用落实和使用"等6个方面的工作要求,共设置八个章节,主要内容包括:总则、安全生产组织机构与职责、施工现场规划与布置、施工通用安全防护设施设置要点、公路工程施工安全防护、安全生产教育培训、安全生产费用管理要点、隐患排查管理要点和附录("平安工地"达标验收评判标准)。

2　安全生产组织机构与职责

2.1　从业单位职责

依据《中华人民共和国安全生产法》（2002年第70号主席令）、《建设工程安全生产管理条例》（2003年第393号国务院令）、《公路水运工程安全生产监督管理办法》（2007年第1号交通部令）、《北京市安全生产条例》、《北京市路政局关于加强公路隧道工程施工安全质量管理的通知》等相关法律法规及规章，公路工程建设项目的从业单位必须遵守安全生产法律、法规的规定，保证建设工程安全生产，依法承担建设工程安全生产责任。

本标准所指的建设单位，包含项目代建单位，其职责与考核均参照建设单位执行。建设单位、监理单位、施工单位等从业单位的法定职责如下。

2.1.1　建设单位职责

建设单位在公路水运工程施工招标文件中应当按照法律、法规的规定对施工单位的安全生产条件、安全生产信用情况、安全生产的保障措施等提出明确要求。

建设单位在编制工程招标文件时，应当确定公路水运工程项目安全作业环境及安全施工措施所需的安全生产费用。

2.1.2　监理单位职责

监理单位应当按照法律、法规和工程建设强制性标准进行监理，对工程安全生产承担监理责任。应当编制安全生产监理计划，明确监理人员的岗位职责、监理内容和方法等，对危险性较大的工程应当加强巡视检查。

监理单位应当审查施工组织设计中的安全技术措施或者专项施工方案是否符合工程建设强制性标准。监理单位在实施监理过程中，发现存在安全事故隐患的，应当要求施工单位整改，必要时，可下达施工暂停指令并向建设单位和有关部门报告。

2.1.3　施工单位职责

施工单位应当对施工安全生产承担责任。

施工单位主要负责人依法对本单位的安全生产工作全面负责。施工单位应当建立健全安全生产责任制度和安全生产教育培训制度及安全生产技术交底制度，制订安全生产规章制度和操作规程，保证本单位安全生产条件所需资金的投入，对所承担的公路水运工程进行定期和专项安全检查，并做好安全检查记录。

施工单位的项目负责人依法对项目的安全施工负责，落实安全生产各项制度，确保安全生产费用的有效使用，并根据工程特点组织制订安全施工措施，消除安全事故隐患，及时、如实报告生产安全事故。

专职安全生产管理人员负责对安全生产进行现场监督检查，并做好检查记录，发现生产安全事故隐患，应当及时向项目负责人和安全生产管理机构报告；对违章指挥、违章操作和违反劳动纪律的，应当立即制止。

2.1.4 勘察单位职责

勘察单位应当按照法律、法规和工程建设强制性标准进行勘察，重视地质环境对安全的影响，提交的勘察文件应当真实、准确，满足公路水运工程安全生产的需要。

勘察单位应当对有可能引发公路水运工程安全隐患的地质灾害提出防治建议。

勘察单位及勘察人员对勘察结论负责。

2.1.5 设计单位职责

设计单位应当按照法律、法规和工程建设强制性标准进行设计，防止因设计不合理导致安全生产隐患或者生产安全事故的发生。

采用新结构、新材料、新工艺的工程和特殊结构的工程，设计单位应当在设计文件中提出保障施工作业人员安全和预防生产安全事故的措施建议。

设计单位和设计人员应当对其设计负责。

2.2 建设项目安全管理组织机构设置与职责

所有在建项目，均应以施工合同段为单位，组建以建设单位牵头，由施工单位、监理单位参与的安全管理组织机构，明确各单位及相关责任人员职责，履行法律法规赋予的相应安全职责。

2.2.1 建设项目安全生产领导小组设置与主要职责

1）领导小组组成

建设项目招投标完成之后，所有参建单位共同组建建设项目安全生产委员会，全面负责建设项目安全生产管理工作，如图 2-1 所示。

建设项目安全生产领导小组组成：

组长：建设单位第一负责人；

副组长：建设单位其他主要负责人、项目总工程师、总监理工程师；

办公室负责人：建设单位安全处（科）室主要负责人；

成员：建设单位主管工程建设等处（科）室的主要负责人、副总监理工程师（总监代表）、高级驻地安全监理工程师、项目经理。

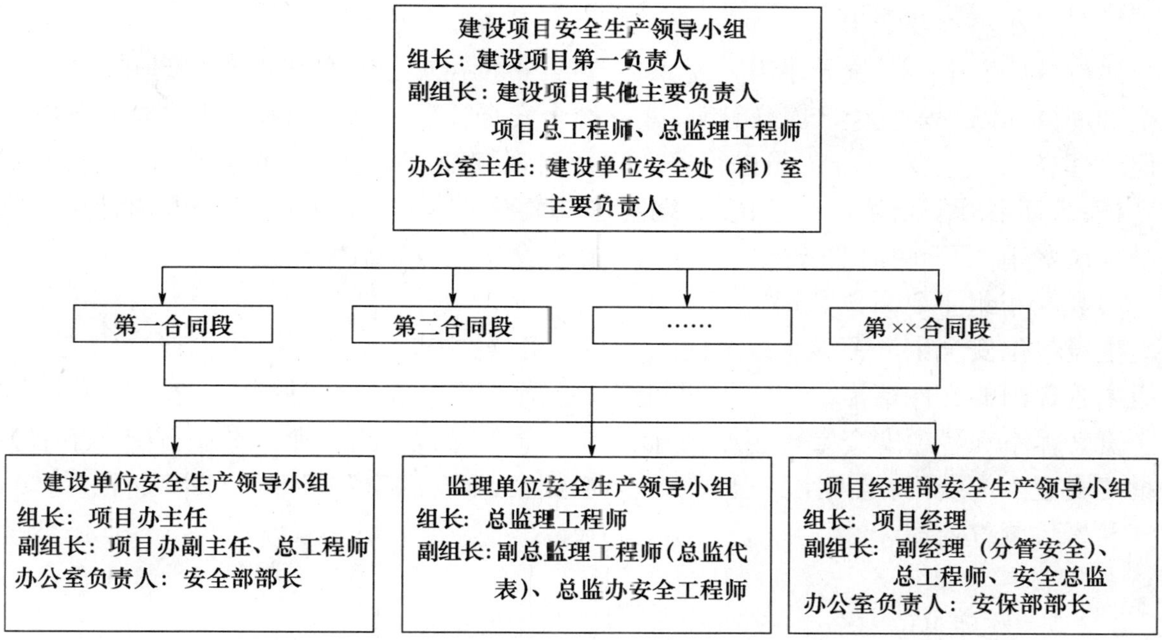

图 2-1　建设项目安委会组织框图

2）领导小组主要职责

建设项目安全生产领导小组主要职责是负责日常安全管理工作。主要工作内容包括：宣传贯彻国家安全生产方针政策，落实安全生产条件，制订安全生产管理工作目标及安全生产工作计划，建立健全安全生产管理规章制度，落实隐患排查整改工作等。

2.2.2　建设单位安全生产领导小组设置与主要职责

1）领导小组组成

建设单位安全生产领导小组负责人由建设项目安全生产领导小组第一责任人承担。

建设单位安全生产领导小组组成：

组长：建设单位第一负责人；

副组长：建设单位其他主要负责人、总工程师；

办公室负责人：安全部部长；

成员：各部门负责人、安全工程师。

建设单位安全生产领导小组组织如图 2-2 所示。

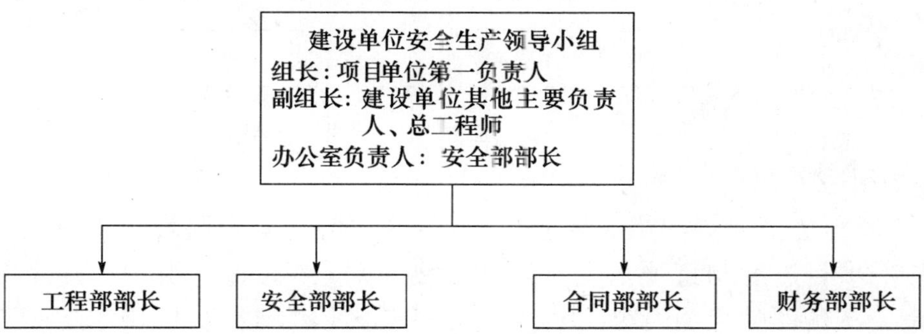

图 2-2　建设单位安全生产领导小组组织框图

2)领导小组主要职责

建设单位安全生产领导小组主要职责包括:审批由施工单位编制经监理单位审核的安全管理目标以及安全生产工作计划;建立健全安全管理组织机构和各项安全管理制度;督促监理、施工单位对从业人员进行安全教育培训;对监理、施工单位安全生产进行检查与考核;定期召开安全生产例会;组织编制建设工程总体预案并进行演练;及时计量、支付安全生产费用;配合政府监督部门对项目进行安全检查及事故调查处理等。

3)领导小组主要岗位职责

建设单位安全生产领导小组主任的主要职责是:贯彻落实国家有关安全法律法规及上级主管部门的文件精神;主持制订安全管理目标以及安全工作计划;主持建立健全安全生产责任体系和各项安全管理制度;督促实施安全检查以及对从业人员进行安全培训,及时批复安全生产费用;定期主持召开安全生产例会;配合政府监督部门对本项目进行安全检查及事故调查处理。

2.2.3 监理单位安全生产领导小组设置与主要职责

1)领导小组组成

监理单位安全生产领导小组由总监理工程师负责。监理单位安全生产领导小组:具体组成如下:

组长:总监理工程师;

副组长:副总监理工程师(总监代表)、总监办安全工程师;

成员:各高级驻地监理工程师、安全监理工程师。

监理单位安全生产领导小组组织如图2-3所示。

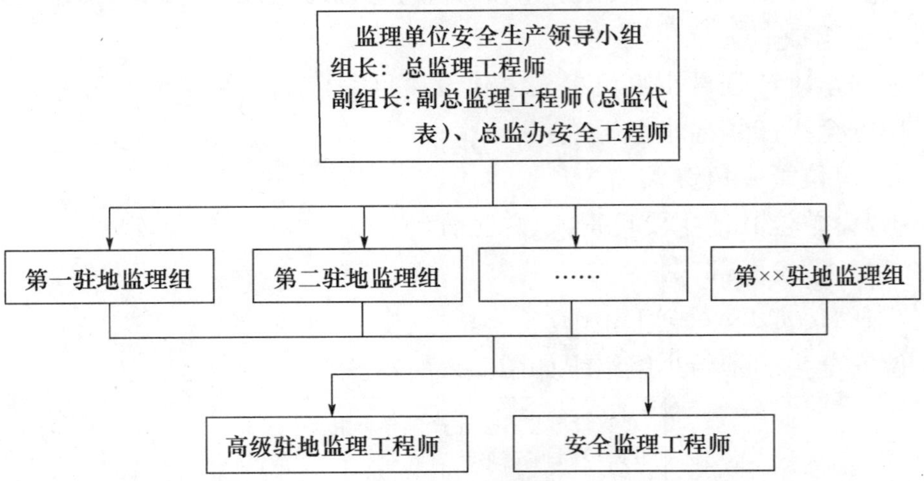

图2-3 监理单位安全生产领导小组组织框图

2)领导小组主要职责

监理单位安全生产领导小组主要职责包括:建立健全安全监理组织机构及各项安全管理制度;按照项目进度制订项目安全监理计划;审查重大施工组织设计及专项施工方案;审查安全生产条件的相关内容(包括施工企业安全生产许可证、施工单位安全管理人员、特种作业人员职业资格情况;特种设备使用前的验收情况等),审查安全生产费用计量与支付；检查施工单位安全教育培训及安全技术交底制度开展情况；检查施工单位隐患排查、治理、整改等情况。

3）领导小组岗位职责

监理单位安全生产领导小组组长负责组织实施安全监理工作，承担安全监理责任。主要职责包括负责监理健全安全管理组织机构，组织制订并批准安全监理岗位职责及各项管理制度；主持编制《安全监理计划》、《安全监理实施细则》；主持审查施工组织设计中的安全技术措施、审查危险性较大工程专项施工方案和应急预案；主持审查施工单位各项安全管理规章制度制定情况；审核施工单位的资质证书和安全生产许可证；审查施工单位安全管理人员、特种作业人员以及特种设备投入使用前的验收手续；对重大危险源进行监督检查，对存在安全隐患的施工单位提出整改要求；对存在重大隐患的施工单位签发工程暂停指令书，并立即报告项目办和政府监督部门；配合政府监督部门对本项目进行安全检查及事故调查处理。

2.2.4　施工单位安全生产领导小组设置与主要职责

1）领导小组组成

施工单位，即项目经理部安全生产领导小组由项目经理负责。安全生产领导小组组成如下：

组长：项目经理；

副组长：副经理（分管安全）、总工程师、安全总监；

办公室负责人：安保部部长；

成员：工程部、安保部、质检部、合同部、实验室等各部门负责人、专职安全员。

项目经理部安全生产领导小组组织如图2-4所示。

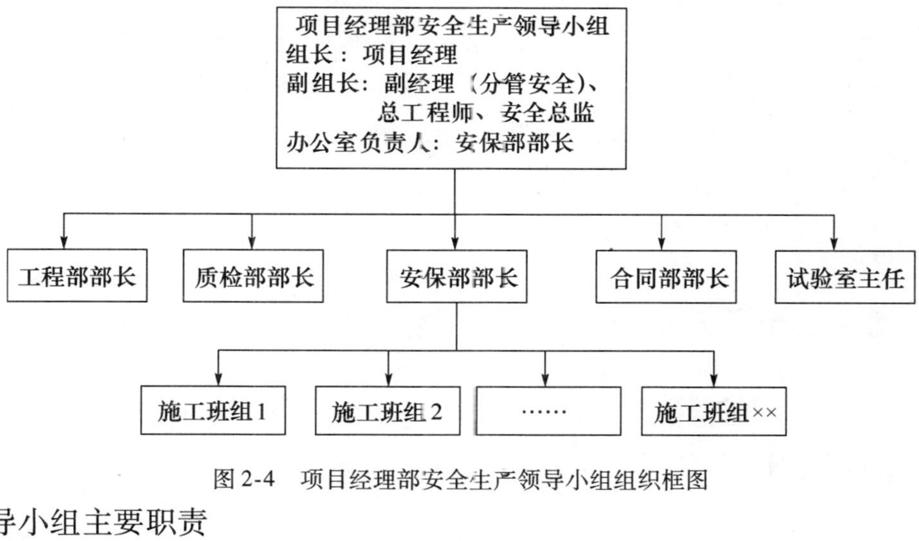

图2-4　项目经理部安全生产领导小组组织框图

2）领导小组主要职责

项目经理部安全生产领导小组主要职责包括：制订并落实安全生产管理目标及安全工作计划；建立健全安全管理机构及安全保障体系；制订并落实各项安全生产管理制度；在施工组织设计中编制安全技术防范措施；编制危险性较大工程专项施工方案；负责设置安全防护设施或安全警示标志；对不同施工阶段和施工环节采取相应的安全防护措施；制

订安全教育培训计划；落实安全技术交底制度；按规定配置安全生产专职管理人员；确保安全生产费用足额投入和正确使用；编制应急预案，及时组织演练；开展隐患排查、治理；定期召开安全生产例会等。

3）领导小组岗位职责

（1）组长岗位主要职责。项目经理对所承包的工程项目安全生产负总责。项目经理部安全生产领导小组组长岗位职责，主要包括主持制订安全生产管理目标安全工作计划；建立健全安全管理组织机构及安全保障体系；主持制订安全生产责任制及各项安全生产管理规章制度；组织安全教育与培训；定期和不定期进行安全检查，对施工现场安全隐患进行排查整改，落实各种安全保障措施；按规定配备安全生产管理人员，保证安全生产费用足额投入、正确使用；定期召开安全生产例会；配合上级部门对本合同段进行安全检查及事故调查等。

（2）副组长（安全总监）岗位主要职责。安全总监对本合同段安全生产负监督责任，岗位职责主要包括监督检查项目安全生产组织机构建立健全情况及安保体系运转情况；监督检查项目安全生产责任制及安全管理制度制订和落实情况；参与安全生产检查，监督安全生产隐患及整改落实情况；监督检查安全资料归档情况；监督安全生产费用投入使用情况等。

（3）安保部长及专职安全员岗位主要职责。安保部长及专职安全员岗位职责，主要包括：认真落实安全生产责任制和各项安全管理制度；定期或不定期对一线工人进行教育培训，建立健全安全教育培训档案；参与安全技术交底会，负责检查班前会开展情况，并做好记录；负责制订安全生产经费计划，保证经费正确使用；检查机械设备使用、保养、维修情况，办理特种设备使用验收手续；检查维护施工现场安全防护和安全设施；检查安全技术措施的落实情况，对危险性较大工程实行全过程旁站监督；负责落实危险源的辨识和隐患排查工作；督促落实隐患整改措施，发现严重隐患立即停工并及时上报；认真做好安全生产每日自查报备工作，做好安全日志，做好安全台账和资料归档工作。

（4）施工班组长岗位职责。施工班组长主要职责为协助、配合专职安全员的检查与指导；严格遵守安全技术操作规程，有权拒绝违章指挥；负责施工班组的安全教育；认真开展班前会，做好安全技术交底；在每个分部分项工程开工前，要对所使用的机械、设备、防护用具和作业场地等进行安全检查等。

2.3 建设项目安全管理制度体系及主要内容

建设项目安全生产管理组织机构应建立以建设单位、施工单位、监理单位协调配合的安全管理制度体系，做到日常工作井然有序，信息畅通、及时，事故应急处置快速、高效。

2.3.1 建设单位

1）安全管理制度体系

建设单位应依据现有安全生产法律规章制度，建立健全建设项目安全管理制度体系，明确各项安全管理职责及工作流程，如图2-5所示。

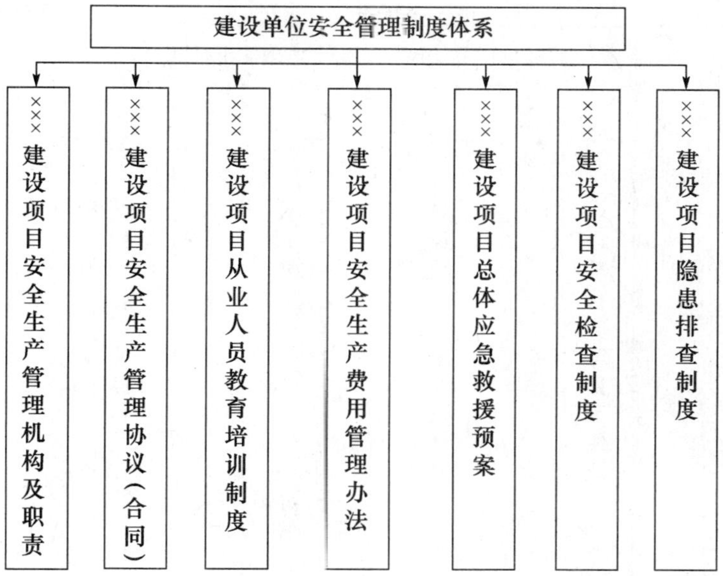

图 2-5 建设单位安全管理制度体系示意图

2)建设单位安全管理制度主要内容

(1)建设项目安全生产管理机构及职责。该规定的主要内容包括:建设项目安全生产管理机构设置,组织机构图,岗位职责定位,责任制落实及考核,奖惩措施;对施工单位和监理单位的罚则等。

(2)建设项目安全生产管理协议(安全生产合同)。该协议的实质内容是建设单位与施工单位、监理单位、勘察设计单位等签订的约定安全风险责任和义务的安全生产合同,明确在建设项目施工过程中从业各方安全职责及罚则。

(3)建设项目从业人员教育培训制度。该制度的主要内容包括:本项目安全生产教育培训内容、安全生产教育培训计划、安全生产教育培训档案管理,对施工单位、监理单位安全生产教育培训监督检查、罚则等。

(4)安全生产费用管理办法。该办法的主要内容包括:明确安全生产费用使用流程、适用范围、报销手续、罚则等。

(5)建设项目总体应急预案。应急预案是建设单位安全管理规章制度的重要组成部分。主要内容包括:事故类型分析、应急组织机构及职责、应急响应、应急物资及人员保障、应急演练等内容。

(6)建设项目安全检查制度。该制度的主要内容包括:从业单位安全生产检查方式、检查方法,检查频次,检查内容等。

(7)建设项目隐患排查制度。该制度的主要内容包括:明确建设单位、施工单位、监理单位隐患排查过程中的职责,建立建设项目隐患排查流程,整改措施等。

2.3.2 监理单位

1)安全监理制度体系

监理单位应在进驻项目之初,完善监理单位安全监理组织机构及安全监理制度体系,如图 2-6 所示。

图 2-6　监理单位安全监理制度体系示意图

2）安全监理制度主要内容

（1）安全监理组织机构及职责。该制度的主要内容包括：建设项目安全监理管理机构设置，组织机构图，制订各级安全监理责任制及各级监理岗位安全职责，明确责任制落实、考核及奖惩措施，明确与建设单位和施工单位的沟通机制等。

（2）安全监理计划。安全监理计划是工程监理计划的重要组成部分。主要内容包括：确定安全监理实施方案，明确各级安全监理人员需要审查的内容及审查依据，确定安全监理程序，明确安全监理日志主要内容等。安全监理计划应与工程监理计划相对应。

安全监理日志的主要内容包括：天气记录，工程进展情况（包括单位工程、分部、分项工程），施工单位在施工现场投入的人力、材料、机械设备的详细情况；施工现场的安全状况，发现的安全隐患及处理措施（口头指令或书面指令情况），其他监理工作活动记录、上级部门检查情况等。

（3）安全监理实施细则。该细则主要内容包括：编制依据，工程概况，监理机构、人员及其安全职责，安全监理工作的控制要点及控制目标，安全监理工作的方法及措施，安全技术交底，安全监理检查评分标准，安全监理工作流程等。

（4）安全监理培训考核制度。该制度主要内容包括：安全建立教育培训内容，安全监理教育培训计划，安全监理教育培训档案管理，奖惩措施，对施工单位安全生产教育培训监督检查等。

2.3.3　施工单位

1）安全管理制度体系

施工单位应建立以建设项目合同段为单位，建立“×××建设项目×××合同段”施工安全管理制度体系，强化施工现场安全管理，如图 2-7 所示。

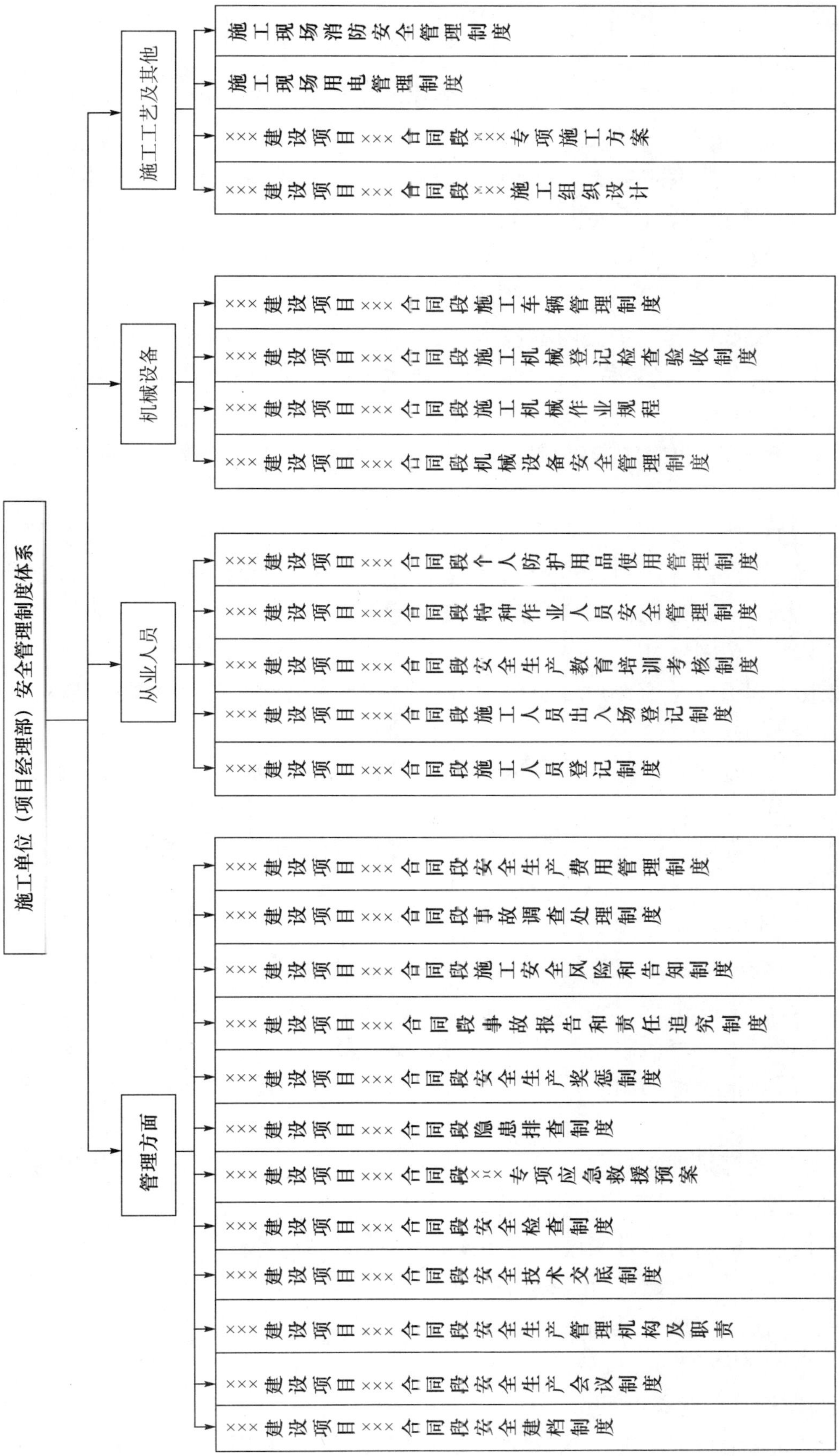

图2-7 施工单位安全管理制度体系示意图

2）安全管理制度主要内容

（1）管理方面

①安全建档制度。主要内容包括：需要建档的工作内容及清单、安全档案的建立、更新频次、安全档案的负责人员等。

②安全生产会议制度。主要内容包括：召开安全生产会议的起因、安全生产工作会议级别及层次、参加人员、会议主要内容等。

③安全生产管理机构及职责。主要内容包括：安全生产管理机构设置、组织机构图、岗位职责定位、责任制落实及考核、奖惩措施等。

④安全技术交底制度。主要内容包括：安全技术交底流程、安全技术交底人员、安全技术交底的形式、安全技术交底记录等。安全技术交底材料，应包括工程名称、施工单位名称、分项工程名称、交底时间、交底内容等。

⑤安全检查制度。主要内容包括：安全生产检查方式、检查方法、检查频次、检查内容、检查文书等。

⑥专项应急预案。专项应急预案是施工单位安全管理制度体系的重要组成部分。主要内容包括：事故类型和危害程度分析，应急处置基本原则，组织机构及职责，预防与预警，信息报告程序，应急处置，应急物资与装备保障等。

⑦安全生产奖惩制度。主要内容包括：安全生产奖惩内容、奖惩方式方法等。

⑧事故报告和责任追究制度。主要内容包括：事故报告的程序、事故报告时间、事故报告责任人、事故责任追究等。

⑨施工安全风险和告知制度。主要内容包括：施工现场危险源辨识方法、施工安全风险源清单、施工安全风险防范措施、施工安全风险告知方式方法、告知人员等。

⑩事故调查处理制度。主要内容包括：事故等级划分、按事故等级明确事故调查处理程序等。

（2）从业人员有关制度

①施工人员登记制度。施工人员登记制度是对所有进入施工项目的作业人员实行登记管理的制度，主要内容包括：登记表式、登记时间、姓名、身份证号、联系方式、填表人员等。

②施工人员出入场登记制度。施工人员出入场登记制度是按分部分项工程对出入场的作业人员实行登记管理的制度，主要内容包括：登记表式、登记时间、姓名、身份证号、联系方式等。

③安全生产教育培训考核制度。主要内容包括：安全生产教育培训的内容、安全生产教育培训计划、安全生产教育培训档案管理等内容。

④特种作业人员安全管理制度。主要内容包括：本项目特种作业人员类型、特种作业人员证书管理、特种作业人员登记管理、特种作业人员培训考核管理等。

⑤个人防护用品使用管理制度。主要内容包括：个人防护用品种类、个人防护用品按工种配置方案、个人防护用品发放登记、个人防护用品使用情况登记、罚则等。

（3）机械设备管理有关制度

①机械设备安全管理制度。机械设备安全管理制度是机械设备的购买、租赁、使用的

管理制度，主要包括：购买、租赁手续，日常使用过程中的安全检查频次、日常维护等内容。

②施工机械作业规程。主要内容包括：施工机械设备使用过程中的注意事项、作业人员持证上岗证登记等内容。在实际作业过程中，应在施工机械旁，定制施工机械作业规程牌。

③施工机械检查验收制度。主要内容包括：对施工机械投入使用前的检查验收程序、验收人员、验收登记等。

④施工车辆管理制度。主要内容包括：施工车辆的登记、使用管理，驾驶人员持证上岗证登记等。

(4)施工工艺及其他方面

①施工组织设计和危险性较大工程专项施工方案。施工单位应当在施工组织设计中编制安全技术措施和施工现场临时用电方案，对下列危险性较大的工程应当编制专项施工方案，经施工单位技术负责人、监理工程师审查同意签字后实施，由专职安全生产管理人员进行现场监督。

危险性较大的工程主要为：

a.不良地质条件下有潜在危险性的土方、石方开挖；

b.滑坡和高边坡处理；

c.桩基础、挡墙基础、深水基础及围堰工程；

d.桥梁工程中的梁、拱、柱等构件施工等；

e.隧道工程中的不良地质隧道、高瓦斯隧道、水底海底隧道等；

f.水下工程中的水下焊接、混凝土浇筑、爆破工程等；

g.爆破工程；

h.大型临时工程中的大型支架、模板、便桥的架设与拆除，桥梁、码头的加固与拆除；

i.其他危险性较大的工程。

必要时，施工单位对前款所列工程的专项施工方案，还应当组织专家进行论证、审查。

②施工现场用电管理制度。施工单位应当在施工现场建立施工现场安全用电责任制度，确定用电责任人，制订安全用电操作规程、要求电工作业人员持证上岗等。

③施工现场消防安全管理制度。施工单位应当在施工现场建立消防安全责任制度，确定消防安全责任人，制订用火、用电、易燃易爆材料使用等各项消防管理制度和操作规程，设置消防通道，配备相应的消防设施和灭火器材等。

3 施工现场规划与布置

3.1 驻地选址

项目部和监理部驻地办公室应临近施工现场,租赁民宅或自建简易房,其建筑物结构达到办公和生活条件要求。

民工驻地选址应选在水文、地质良好的地段,避免设在人口密集区、泥沼、悬崖、陡坡和可能发生塌方、泥石流、水淹、雪崩等地质灾害区域及高压电线下面(与高压线水平距离不小于8m)。

3.2 平面规划

3.2.1 现场平面规划原则

施工现场平面规划应在充分调查工程所在地自然环境、地质状况、社会风俗、既有房屋利用条件等的基础上,根据工程规模、特点和施工组织要求等进行规划。现场平面规划应符合下列原则:

(1)现场平面规划应遵循永久性和临时性相结合的原则,统筹规划,减少施工临时用地,降低现场临建费用;

(2)现场平面规划宜采取动态管理,根据施工不同阶段及场地条件对所设办公、生活用房进行合理取舍;

(3)现场平面规划应保证各项施工活动互不干扰,并充分考虑项目水、电、路的综合安排,满足安全、环保、消防、防爆等要求;

(4)大型临时设施应符合现行公路大型临时工程设计有关标准的规定。

3.2.2 现场平面规划图及总体安全要求

1)总平面布置图内容

现场平面规划图应分为总平面布置图、工区平面布置图和场区平面布置图。图中应根据需要包括下列内容:

(1)各种生产、生活房屋的位置;

(2)汽车运输道路的引入和其他运输设施的布置;

(3)临时供水、供风、供电线路、变配电及通信设施等的布置;进行排水系统、消防设施的布置;

(4)拌和站和预制场的位置;

(5)物料堆放位置;

(6)取弃土(渣)场的位置和范围及结构形式;

(7)大型机具设备的组装、工作和检修场地的位置。

2)现场布置安全总体要求

(1)施工现场应有利于生产,方便职工生活,符合防洪、防火等安全要求,具备安全文明生产、安全文明施工的条件。

(2)施工现场的生活生产房屋、变电所、发电机房、临时油库等应均应符合防火、防洪、防风、防爆、防震的要求。

(3)消防安全要求:

①生产生活房屋应按防火规定保持必需的安全距离,一般情况下活动板房不小于7m,铁皮板不小于5m,临时锅炉房、发电机房、铁工房、厨房等与其他房屋的间距不小于15m。

②易燃易爆品仓库、发电机房、变电所,应采取必要的安全防护措施,严禁用易燃材料修建。炸药库的设置应符合国家有关规定。工地的小型临时油库应远离生活区50m以外,并外设围栏。

③建立施工现场消防安全责任制度,确定消防安全责任人,制订用火、用电、使用易燃易爆材料等各项消防管理制度和操作规程,设置消防通道,配备相应的消防设施和灭火器材。

(4)防雷安全要求

工地上较高的建(构)筑物、临时设施及重要库房,如炸药库、油库、发(变)电房、塔架、龙门吊架等,均应加设避雷装置。

(5)安全防护要求

①施工现场应设置安全标志,并不得擅自拆除;

②施工现场内的高处、临边、临洞作业边缘应设安全护栏等安全防护设施,详见第四章和第五章。

3.2.3 施工现场功能区划分

(1)施工单位应当将施工现场的办公区、生活区与作业区分开设置,并保持安全距离;办公、生活区的选址应当符合安全性要求。

(2)办公、生活区:应与辅助生产区和施工作业区分开设置,采取相应的分隔措施并保证安全距离。办公、生活区宜设在人员相对集中和出入方便的地点。

(3)辅助生产区:应临近施工作业区布置,或在工程的重心位置布置,并满足相关特殊场地的要求。

(4)施工作业区:应按照工序有效衔接、布局紧凑等原则,并结合项目的内容、特点、专业划分等进行布置。

(5)施工现场临时搭建的建筑物应当符合安全使用要求。施工现场使用的装配式活动房屋应当具有生产(制造)许可证、产品合格证。

3.3 施工现场总体布置要求

3.3.1 办公、生活区

办公、生活区的主要要求:①项目经理部驻地应邻近工地,做到靠前指挥。驻地建设应优先考虑租赁房屋。自建用房的项目经理部集体办公区人均在3~5m^2,分区、分室办公区可视情况适当增加但不宜大于人均8m^2,租赁房屋集体办公区人均在4~6m^2,分区、分室办公区可视情况适当增加但不宜大于人均10m^2,在满足以上的条件时可视自身情况自行合理安排办公区大小,但要科学合理满足办公需要。②办公生活区房屋应结构牢固,通风、采光良好。室内地坪应进行硬化,室外场地进行适度美化和绿化且排水通畅。③办公生活区宜采取封闭式管理,应有固定的出入口,有条件时应设置大门。出入口处应设置专职保卫人员,制订专门管理制度。④生活区内员工宿舍、食堂、锅炉房、浴室、文体活动室、厕所等应设施齐全,保持室内外环境清洁。

1)办公区

(1)项目经理部驻地应设置揭示牌,标明工程名称、工程范围、建设单位、设计单位、质量安全监督单位、监理单位、施工单位、项目经理、技术负责人、质量负责人和安全负责人等内容,且式样规范、位置醒目。

(2)项目经理部会议室内应张贴下列图表:

①组织机构框图;

②安全、质量、环境保证体系;

③线路平、纵面缩图;

④工程形象进度图;

⑤项目管理方针和管理目标。

(3)项目经理部办公室应张贴下列图表:

①岗位安全、质量、环境生产职责;

②岗位职责。

2)生活区

(1)员工宿舍应符合下列要求:

①生活用房建筑面积,人均不小于2.5m^2,若为租住房屋场地面积可适当减小。

②职工宿舍内的单人铺不得超过2层,严禁使用通铺。床铺应高于地面0.3m,人均床铺面积不得小于1.9m×0.9m,床铺间距不得小于0.3m。

③宿舍应采取必要的防寒、防暑措施。

④宿舍应设置窗户。

⑤宿舍应制订专门的管理制度,轮流负责或安排专人管理。

⑥当有特殊要求或使用时间较短时,可采用简易房屋过渡。

(2)食堂应符合下列要求:

①食堂应制订专门的管理制度和卫生制度。

②食堂必须有卫生许可证,炊事人员必须持健康证上岗。卫生许可证原件和健康证复印件应上墙张贴。炊事人员上岗应穿戴洁净的工作服、工作帽和口罩,并应保持个人卫生良好。

③食堂应远离厕所、垃圾站、有毒有害场所等污染源。食堂应设置独立的制作间、储藏间,制作间灶台及其周边应贴瓷砖,地面应做硬化和防滑处理。

④食堂应配备必要的排风设施和冷藏设施。燃气罐应单独设置存放间,存放间应通风良好并严禁存放其他物品。炊具宜存放在封闭的橱柜内,并应生熟分开。食品应有遮盖,遮盖物品应有正反面标志。各种佐料和副食应存放在密闭器皿内,并贴有标志。

⑤食堂应设置隔油池,并应及时清理。

(3)厕所应符合下列要求:

①厕所大小应根据施工现场作业人员的数量设置。

②施工现场宜设置水冲式或移动式厕所,厕所地面应硬化,门窗齐全。蹲坑间设置隔板。

③厕所应指定专人负责卫生工作,应定时进行清扫、冲刷、消毒,防止蚊蝇孳生,化粪池应及时清掏。

(4)盥洗间应符合下列要求:

①盥洗设施应满足现场人员使用需要,并采用节水龙头。

②淋浴房应配有满足需要的淋浴喷头数量,并设置储衣柜或挂衣架。

③盥洗区应设置开水炉、电热水器或饮用水保温桶;施工区应配备流动保温水桶。

(5)文体活动室应配备有电视机、书报、杂志等文体活动设施和用品。

3.3.2 施工作业区

(1)施工现场布置应符合平面规划的总体布置和物料器具定位管理标准化的要求。

(2)施工现场应在醒目位置设置统一规定的标志标牌。

(3)生产区应设置安全生产、文明施工、环境保护的宣传教育标牌、标语及宣传栏(橱窗)。现场各种安全标志牌应按照现行《安全标志及其使用导则》(GB 2894—2008)统一制作,悬挂于工地醒目位置。

(4)非施工人员和非施工车辆禁止进入施工作业区。

(5)严格按照施工用电专项组织设计与平面布置进行架设和管理电力线。夜间施工时,现场应设有满足施工安全要求的照明设施。

(6)项目内部不同单位或不同专业交叉作业时,应共同拟订现场的安全、文明施工的管理办法,做好协调,共同执行。

3.3.3 辅助生产区

辅助生产区一般包括拌和站、预制场、铺轨基地和其他有起重、加工作业等生产区域。

结合北京市公路工程建设现状，应优先考虑公路工程施工标准化、定型化产品的应用，当现场施工条件不允许时，确需要建立拌和站、预制场等辅助生产区，应按要求设置相应的防护设施。

1）一般规定

（1）场内地面

①辅助生产区的材料库、加工作业区、道路应平整。

②各类拌和场场内地面应进行硬化。地面应定期洒水，对粉尘源进行覆盖遮挡。

（2）排水系统

具有良好的排水系统及沉淀池，现场废水不得直接排放。

（3）标志、标牌

①现场材料应分类堆放，应设立标牌并写明数量、规格和型号及检验状态等，防止各种材料相互混淆。

②辅助生产区，入口设置禁入标志，禁止非作业人员和非施工车辆进入。

③辅助生产区安全通道与工作区域之间应有明确的区分，工作区域悬挂安全警示标志牌。

④辅助生产区应设置安全标志、警示标志。现场各种安全标志牌应按照现行《安全标志及其使用导则》（GB 2894—2008）统一制作，悬挂于工地醒目位置。

⑤现场机械设备应悬挂或张贴安全操作规程，标牌应按照统一标准制作，详见 4.2.4 节。

⑥危险品仓库附近应有明显标志及围挡设施。

（4）环保要求

①易产生粉尘、有害气体的材料加工场、存放场应采取除尘、有害气体净化措施，且远离生活区、居民区。

②场地有条件应适当绿化。

（5）材料堆放场

现场材料堆放要满足如下的防火要求：

①木料：堆放不宜过多，垛与垛之间应保持一定的防火间距。木材加工的废料要及时清理，以防自燃。

②现场生石灰：应单独存放，不准与易燃、可燃材料放在一起，并应注意防水。

③易燃、易爆物品仓库：应设在地势低处；电石库：设在地势较高的干燥处。

④现场材料堆放地应设置有足够的灭火器材，设蓄水池或蓄水桶。工棚内应留有通道，合理设置门窗，门窗均向外开。

（6）电气设备、线路

各类电气设备、线路不准超负荷使用，线路接头应牢靠，防止设备、线路过热或打火短路，发现问题应及时联系修理。

2）拌和站

（1）拌和站建设应综合考虑施工生产情况，合理划分拌和作业区、材料计量区、材料库及运输车辆停放区等。

(2)拌和站应根据标段内工程情况集中设置,宜采用封闭式管理。拌和站内应设置工地试验室。

(3)使用散装水泥的拌和站,应设水泥储存罐。散装水泥按不同厂家、品种、标号、批次分罐保存。

(4)拌和站的场地处理应符合下列要求:

①拌和站的所有场地应进行混凝土硬化处理,硬化承载力满足场内作业要求。场地硬化按照四周低,中心高的原则进行,面层排水坡度不应小于1.5%,场地四周应设置排水沟,排水沟底面采用水泥砂浆进行抹面。

②应将集水池、沉淀池和污水过滤池纳入场区规划,与场区同时设计、同时施工、同时投入使用。严禁将场区内生产废水直接排放。

(5)拌和站生产能力和规模应符合下列要求:

①主体工程结构混凝土应采用拌和站生产,附属工程和用量较少时的混凝土可采用配有自动计量装置的强制式搅拌机生产。

②拌和站应达到三仓式自动计量标准,总装机能力以满足最大批混凝土数量需要为原则。

③拌和站应配备满足施工生产需要的备用发电机。

(6)拌和站配合比标志牌应符合下列要求:

①拌和机混凝土配合比标志牌应悬挂于操作间前醒目位置,规格统一。

②标志牌应及时更新。

③标志牌应包括混凝土设计和施工配合比、时间、集料的计算和实测含水率、各种材料的每盘用量、坍落度等内容。

(7)石灰、粉煤灰等拌和料应采取的覆盖措施。

(8)冬季施工时,砂石料场应设置保温棚,并配备砂石料加温设施。夏季施工时,砂石料场应遮阳防晒。

(9)拌和站内原材料的堆放应符合相关规定。

(10)拌和站车辆运输做到不洒、不漏。临近市区作业,出入车辆应清洗车轮。运输车辆在拌和站内统一指挥,定点停放。

(11)拌和站机械操作人员应严格遵守作业安全规范要求。

(12)拌和站使用后应及时对场地进行清理。

3)预制场

(1)预制场规划应结合技术、经济、工期等各方面因素综合考虑并进行多方案比选后确定,并应符合现行公路大型临时工程设计有关标准的规定。

(2)预制场选址应符合以下原则:

①永临结合、征地拆迁及复垦量少;

②选在集中使用地段设置预制场;

③运输距离短;

④交通便利；

⑤预制场地质状况好、地基处理工程量小；

⑥预制场选址应考虑防洪排涝，以确保雨季施工安全。

(3)预制场布置应符合下列要求：

①拌和站、锅炉房宜靠近制梁台座设置，并远离办公生活房屋；

②变压器设置的安全距离要符合相关规范规定；

③办公、生产房屋的设置应满足安全标准文明施工工地的要求。

(4)存放区大小应考虑各类半成品存放周期的要求。

(5)模板起吊应做好安全防护，就位后应支撑稳固。起吊过程中应有专人指挥，严禁超重起吊。

(6)预制场场地应及时冲洗、清扫。场内运输道路应平整坚实，满足各种预制构件的运输要求。

(7)预制预应力混凝土简支梁应符合下列要求：

①采用金属波纹管制孔时，应有防止划伤手脚的措施。

②钢绞线穿束后，梁端应设围栏和挡板，严禁撞击锚具、钢束及钢筋。

③预应力筋张拉或放松作业时，必须采取安全防护措施。

④操作油泵、管道压浆关闭阀门时，作业人员不得站在正面，应戴防护眼镜。

(8)选择能耗低、符合环保要求的锅炉，合理布置蒸汽养生管道，做好管道的保温，提高养护棚的密封，降低温度损失。

(9)预制成品存放区场地及养生平台应平整夯实，应设有良好的排水系统，不得设在低洼易积水地带，并应满足汛期防洪的要求。

(10)预制场应按设计要求和有关规定及时恢复植被或土地复垦。

4)材料加工场

(1)材料加工场在条件允许的时候，应搭设操作间(棚)。

(2)木材加工场应符合下列要求：

①严格执行有关安全技术操作规程，工作完毕后及时关闭设备(机械)，切断电源，确认安全后，方可离开现场。

②木材加工时应有降尘措施，对操作时产生的锯末、刨花应及时清运，保持工作面的清洁。可重复利用的木料经处理后分类码放，合理使用，节约资源。

③操作木工机械应严格控制每班次作业时间，并配备相应的防护用品，但不得戴手套。

④木材加工场严禁将火源带入，木工区不得吸烟，木工棚应采用防火材料搭设，现场必须配有灭火器材。大型木材场应配置消防水源和相应的消防设施。

(3)金属材料加工场应符合下列要求：

①金属加工场应做到场地平整，工作台稳固，照明设施应加设网罩防护。

②加工场应采用雨篷遮盖，四周排水顺畅；在寒冷地区，钢筋冬季焊接时应有防雨雪、防风、防寒等措施。

③钢筋进行防腐处理时，制作区应远离办公生活区。

④人工断料，工具必须牢固。掌克子和打锤要成斜角，注意扔锤区域内的人和物体。切断小于300mm的短钢筋，应用钳子夹牢，禁止用手把扶，并在外侧设置防护箱（笼）罩。

⑤起吊钢筋，下方禁止站人，必须待钢筋降落到地面1m以内方准靠近，就位支撑好后，方可摘钩。

⑥钢筋焊接时，有可靠的接地装置，导线绝缘良好。焊接操作时应佩戴防护用品。

5）原材料、半成品、成品存放场

（1）砂石料存放场应符合下列规定：

①用于正式工程的砂石料应分不同粒径、不同品种分仓存放。不得混堆或交叉堆放，分料仓应砌筑墙体隔开，并采用水泥砂浆抹面，仓内地面设坡度，不得积水。

②砂石料存放场集料清洗区应设置单向流水坡；上料通道应结合拌和站配料机设备参数进行平面和坡度设置。

③砂石料应按规定进行材料的质量检验并进行状态标志，标志包括材料名称、产地、规格、数量、进料时间、检验状态、试验报告号、检验批次等。

（2）木材应选择干燥、平坦、坚实的场地堆放。选择堆放点应尽可能远离危险品及有明火的地方，并有严禁烟火的标志和消防设施。

（3）金属材料存放应符合下列规定：

①线材存放时应上盖下垫，平放堆垛，注意标牌的保管，避免混淆。

②型材存放时应在下垫的垫木上覆防水遮盖物，平行分层堆码，统一放置，并且一端垫木略高。

③板材应存放在仓库或料棚内，不得露天存放。

④存放场应留有足够宽度的通道，便于装运。

（4）半成品、成品存放区应符合下列规定：

①存放场地应通风良好，有条件宜搭设存储棚库。

②金属、木材及构配件等的底部应按规定垫高，并避免与酸碱等易腐蚀性物质接触。

③易于滑落的材料堆放必须捆绑牢固。

④材料储存时应按使用、安装次序进行分类、分批存放，并按规定做好标志，小件（散件）材料及配件宜存放于箱、盒内。

⑤木质材料或易变形材料应平放，不得挤压。

（5）周转料具存放应符合下列规定：

①周转料具的存放应随拆、随整、随保养，码放整齐。

②大模板存放时，应有可靠的防倾倒措施，不得靠在其他模板上或物件上。

（6）装配式构件的存放应符合下列规定：

①根据构件的使用先后和吊装顺序进行堆放，留出适当的通道，不得越堆吊运。

②堆放构件时，应按构件刚度、受力情况等采用合理放置方式，保持稳定。

③构件堆放时应放置在垫木上，垫木位置应与吊点相对应；同时应使吊环向上，标志向外。

④水平分层堆放构件时，其堆垛高度应根据构件强度、地面承载力、垫木强度以及堆垛的稳定性而定。构件各层之间应用垫木隔开，且各层垫木应在同一竖直线上。

(7)装卸搬运危险品必须符合国家现行有关的易燃、易爆、有害物品管理规定，并应轻搬轻放。

6)库房

(1)水泥、掺和料、外加剂库房应符合下列规定：

①水泥、掺和料应采用库房储存。库房位置应地势较高，排水良好，屋顶不漏雨。库房内地面应硬化处理，水泥应架空、离墙存放，库房内应定期清理散灰。

②库房宜设置进、出库门，确保水泥的正常循环使用。根据面积和出入口布置水泥垛的位置和顺序，确保水泥“先进先出”的原则。

③袋装水泥应按生产厂、品种、强度等级、批号分别堆码，严禁混存，在垛上设置标志，注明生产厂、品种、强度等级、出厂日期、进库日期等。

④库房中袋装水泥垛高不得超过10袋，宜一车一垛，垛堆距墙不宜少于0.5m。

⑤外加剂库房应和水泥库房分开设置。液态外加剂分罐存放，粉状外加剂库房建设可参照水泥库房要求放置。

⑥外加剂应设置标志，注明生产厂、品种、出厂日期、进库保管日期等。

⑦受潮、过期的水泥及掺和料，过期、变质的外加剂不得随意丢弃，应运送到指定地点集中处理。

(2)火工品库应符合下列规定：

①火工品库应有专人管理并应制订保管员岗位责任制、火工品验收制度、火工品发放制度、防火制度、安全保卫制度、交接班制度、出入库检查和登记制度、废爆炸物品销毁制度，并悬挂于明显位置。

②库区应与周围环境隔离，平面布置合理，设置验收区、发货区。储药点至库区外保护对象的安全允许距离，应按保护对象的防护等级确定。

③库门应为外开式且开启灵活、关闭严密；库房应有防静电措施，且应符合通风、防潮、避雷、防火、排水等要求。

④库内货架应保证牢固、距墙不小于0.1m。库内堆放的物资距墙应不小于0.3m，垫高不小于0.2m。

⑤火工品库应有专人值守，对库内火工品坚持“先进先出”的原则。

⑥火工品库管理应符合现行《爆破安全规程》(GB 6722—2003)和《中华人民共和国民用爆炸物品管理条例》的相关规定。

(3)油库应符合下列规定：

①油库应严格制订油库安全管理制度、用火管理制度、外来人员登记制度。

②油罐应按设计规定装油，不能混装。油罐内壁涂防锈漆，定期清洗；夏季露天装轻质油料的油罐应有降温措施。

③露天存放的桶装油料，应隐蔽、遮盖，桶身应倾斜，单口朝上，双口在同一水平线上，防止雨水侵入，垛位四周应设排水沟。

④油库区内用火前，必须办理用火证。

⑤油库应划分消防区域，制订明确的报警信号，作出消防预案，设置消防工具和器材，并定期检查维护。

⑥油罐区内禁止存放危险品、爆炸品和其他易燃物资。

⑦库区、库房应保持清洁整齐，秩序良好，做到设备无锈蚀，地面无油迹。

7）仓库布置

仓库布置应满足下列要求：

(1)仓库宜利用永久性仓库，布置地点应位于平坦、宽敞、交通方便之处，距各使用地点综合距离较近，还应考虑材料运入方式及遵循安全技术和防火规定。

(2)材料仓库应位于供应范围的中部，靠近施工现场，具有良好的交通条件。

(3)钢筋木材仓库应布置在其加工场附近。

(4)水泥库、砂石料储存场应布置在拌和站附近。

(5)油库、氧气库和电石库、爆破物品库等危险品仓库，应远离施工现场、居民区和既有设施。

(6)易燃材料的仓库应设在拟建工程的下风方向。

(7)车库和机械站宜布置在现场入口处。

8）加工场布置要求

加工场布置应满足下列要求：

(1)加工场布置时应考虑材料及构件的总运输费用最小，减少进入现场的二次搬运量，同时做到加工与施工互不干扰。

(2)钢筋加工场的布置宜采用集中加工布置方式；钢筋加工场在保证工人、材料与吊运材料、设备方便的前提下封闭四周，场地硬化要因地制宜，充分运用当地材料，并设置2%～3%坡度，以利排水，运输。

(3)大型木材加工场宜布置在公路或水路沿线；并在木材加工场出口位置设立消防架和4个灭火器。

(4)金属结构、锻工、机修等车间，应布置在一起，协调工作。

(5)产生有害气体和污染环境的加工场，应处于场地下风向。

(6)在钢筋加工场明显位置设立安全操作规程牌，钢筋加工场要分区，原材、半成品、成品等分开码放及相应材料标志牌等。在钢筋加工场中要设置氧气、乙炔存放处，并设置吸烟室。

3.3.4　现场道路

现场道路设置应符合下列要求：

(1)施工现场的道路应经常围护，保证畅通，并与现场的存放场、仓库、施工设备等位置相协调，满足运输、行车安全等要求。

(2)便道、便桥宜利用永久性道路和桥梁。桥梁施工便道宜建在永久用地范围内。

(3)急弯及陡弯地段应设置明显交通标志。

(4)与铁路交叉处,应有专人照管,并设信号装置和落杆。

(5)场地狭小,行人和运输繁忙的路段应设专人指挥交通。

3.3.5 现场临建设施

现场临时房屋布置应符合下列要求:

(1)临时房屋设施不得布置在受洪水、泥石流、落石、雪崩、滑坡等自然灾害威胁的地点,并应根据规定加设防雷击设施。

(2)临时房屋应符合相应的安全消防规定。

(3)房屋区内应有通畅的给排水系统,并避开高压电线。

3.3.6 其他

食堂和卫生设施应设在不受施工影响且宜保持环境卫生的地点。

现场应配备紧急处理医疗设施,使现场的生活设施符合卫生防疫要求,采取防暑、降温、保暖、消毒、防毒等措施。

4 施工通用安全防护设施设置要点

施工现场应根据不同施工阶段和周围环境及季节、气候的变化，采取相应的安全防护措施。施工现场暂时停止施工的，也应当做好现场防护。施工现场通用安全防护设施包括围挡、防护栏杆（防护围栏）、防护棚、安全网、避雷设施、机械防护罩、个人防护设施、安全标志标牌等。

4.1 围挡

4.1.1 设置部位

对施工现场周边采取围挡的目的是保障施工现场内的人员和设备和材料及施工作业等不受外界因素的影响，同时，确保非施工人员、非施工车辆、牲畜、动物等进入施工现场，造成不必要的损伤。

考虑到公路工程施工点多线长，远离城镇等特点，结合我国目前的经济社会发展水平，本标准将围挡规定为硬围挡和软围挡。硬围挡，就是通常所说的围挡，设置要求按照4.1.2要求设置。软围挡指的是采用隔离绳、隔离线、隔离带，以及安全警示标志、标牌等措施，对施工现场周边进行的隔离措施。

（1）驻地围挡

施工单位自建项目部营地应设置围墙，围墙结构形式有：

①格栅结构：墙体高度不低于1 850mm，基础高度不低于250mm；

②砖混结构：墙体高度不低于2 200mm，基础高度不低于250mm；

③其他结构：墙体采用其他结构形式时，墙体高度不得低于2 200mm。

（2）重要区域围挡

①穿村路段、高填方、深挖基坑、不断路施工路段必须设置硬围挡。

②通过风险评估得出存在安全风险或事故隐患的路段或区域，必须设置硬围挡。

（3）其他施工路段的围挡

对于远离城镇和农村、人口密度较少的施工路段，建议根据需要选择警戒带或警戒线、铁丝网以及安全警示标志等软围挡设施，在工程险要处采取有效隔离措施，避免非施工人员以及牲畜、动物等进入施工现场。

4.1.2 设置要求

1）围挡高度

①工地现场围挡的高度不低于1.80m，围挡高度要一致，色彩和谐美观。

②距离交通路口 20m 范围内设置施工围挡的，围挡上部 0.8m 以上部分应当采用通透性围挡，不得影响交通路口行车视距。

2）围挡材料

使用专用硬质定型材料作为施工围挡的材料或者经规划行政管理部门批准后采取砖砌砖筑方式设置围挡。

禁止使用锈蚀、残破、易损毁的材料作为施工围挡。

3）围挡颜色

施工现场围挡颜色应为浅蓝色，采用喷绘方式粉饰。无污染和油漆脱落。

4）其他要求

（1）在围挡出入口适当位置设置公示牌，公示内容包括建设单位、施工单位和施工工期等工程基本信息。

（2）围挡上可用白色油漆喷涂施工企业标志和项目名称。施工企业标志和项目名称设置标准为："××公司承建××工程"，字体为仿宋字，字体大小为 0.6m×0.8m（宽×高），字体下沿距地面 0.6～0.8m，字体必须正确规范、工整美观。

（3）在围挡上方设置标语、宣传品的，应当按照有关主管部门批准的范围、地点、数量、规格、内容和期限设置。禁止利用施工现场围挡设置户外广告。

（4）施工总承包单位统一负责施工现场围挡的设置和管理；尚未施工的，由建设单位负责。围挡管理单位应做好围挡的维护、保洁工作，保持围挡清洁，无乱张贴、乱涂写、乱刻画等情况。

4.2 安全标志标牌

4.2.1 警示标志、标牌

标志、标牌的功能主要是信息传达。安全警示标志、标牌，顾名思义，其主要功能将是传达具有安全警示功能的语言和信息，包括禁止、警告、指令、指示、明示标志等。

（1）禁止标志：禁止人们不安全行为的图形标志。

（2）警告标志：提醒人们对周围环境引起注意，以避免可能发生危险的图形标志。

（3）指令标志：强制人们必须做出某种动作或采用防范措施的图形标志。

（4）提示标志：向人们提供某种信息的图形标志。

（5）明示标志：上述四种标志中未能包括但现场需要明示相关信息的图形标志。

1）设置位置

施工现场出入口或者沿线各交叉口、施工起重机械、拌和场、临时用电设施、爆破物及有害危险气体和液体存放处以及孔洞口、隧道口、基坑边沿、脚手架、码头边沿、桥梁边沿等危险部位，应当设置明显的安全警示标志或者必要的安全防护设施。

标志的设置位置应合理、醒目，能够使观察者引起注意、迅速判读、有必要的反应时间或操作距离。

设置的安全文明标志应使大多数观察者的观察角度接近 90°。

标志不应设在门、窗、架等可移动的物体上。标志前不得放置妨碍认读的障碍物。

当采用悬挂方式安装时，在防护栏上的悬挂高度宜为800mm；当采用粘贴方式时，应粘贴在平整表面的硬质底板或墙面上，粘贴高度宜为1600mm；当采用竖立方式安装时，支撑件要牢固可靠，标志距地面高度宜为800mm。高度均指标志下边缘距离地面的垂直距离。当现场地形、地貌、结构物尺寸等影响不能满足上述要求时，可视现场实际情况另行确定。

2）材料

标志应采用坚固耐用的材料制作。可根据具体情况选用铝合金板、薄钢板、合成树脂类板材等材料。有触电危险地场所应使用绝缘材料。

材料表面应无毛刺、孔洞等影响使用的疵病。边缘和尖角应适当倒棱呈圆滑状，带有毛边处应打磨光滑。

3）形状与尺寸

（1）形状

标志牌形状主要为矩形和圆形。

（2）尺寸

①矩形标志牌尺寸（长×宽）一般为300mm×400mm、400mm×300mm、600mm×800mm、800mm×600mm、1 500mm×1 000mm、1 500mm×2 000mm、2 000mm×1 500mm、2 500mm×2 000mm。

②圆形标志牌直径一般为300mm或500mm。

③特殊情况下或现场实际地形、地貌、结构物尺寸等限制需采用其他尺寸的，各单位可自行制订尺寸，但应保持标志比例和显示效果符合标准及规范要求。

4）颜色与字体

禁止标志、警告标志、指令标志、提示标志颜色参照《安全色》（GB/T 2893—2008）的基本规定执行；警示标志参照《安全色》（GB/T 2893—2008）的基本规定并结合公路工程施工特点确定。

标志中文字的字体均采用黑体。

5）构造与安装

标志一般由底板、支撑件、基础等组成，各组成部分应连接可靠。支撑件应具有一定的强度和刚度，并考虑美观要求，可选用槽钢、角钢、工字钢、管钢等材料。

标志应安装应稳固，满足抗风、抗拔、抗撞击等要求。

不需要使用支撑件的标志，可直接悬挂、粘贴于附着物上。

6）检查与维修

应经常检查标志的状态，保持清洁醒目、完整无损。如发现有破损、变形、褪色等不符合要求时，应及时修整或更换。

标志的其他制作、安装和设置要求应符合国家和交通运输部有关强制性标准的规定。

4.2.2　五牌一图

(1)项目经理部入口处的明显位置应有整齐的“五牌一图”。

(2)“五牌”为工程概况牌、管理人员名单及监督电话牌、消防保护牌、安全生产牌、文明施工牌,“一图”是指施工现场总平面图;各地区也可根据具体情况再增加其他牌、图,如工程效果图、重大危险源告知牌、公共突发事件应急处置流程图等。

(3)“五牌一图”尺寸为每块2m×1.2m,标牌底距地面1.2m,材质为不锈钢制品,应挂设在施工现场进口处的明显位置一侧,并一字排开成整体。

4.2.3　定置管理标牌

(1)区域分区标牌

项目经理部应在施工现场醒目处设置相应的区域分区标牌,主要有钢筋加工场、预制场、混凝土搅拌站、沥青拌和站、木工加工场(车间)、钢结构加工场、机械设备停置场、机械设备维修保养场等。

区域标牌材质为钢结构底板,表面喷塑,尺寸为1 000mm×760mm(宽×高),式样如图4-1所示。

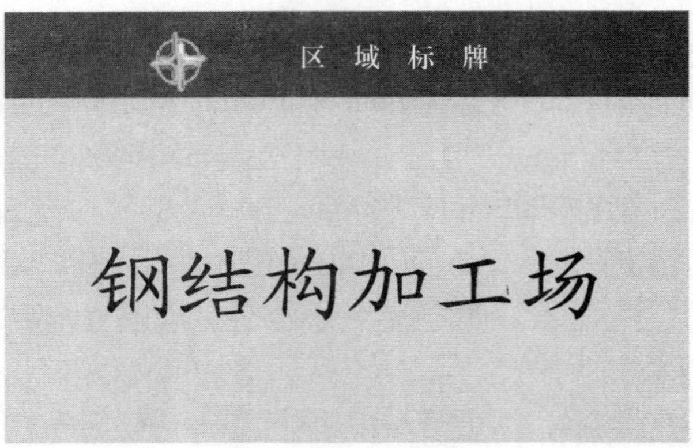

图4-1　区域标牌示意图

(2)施工机械管理标牌

固定式或小范围内移动的大型及特种设备要设立施工机械管理标牌。材质为钢结构底板,表面喷塑,尺寸为1 000mm×760mm(宽×高),式样如图4-2所示。

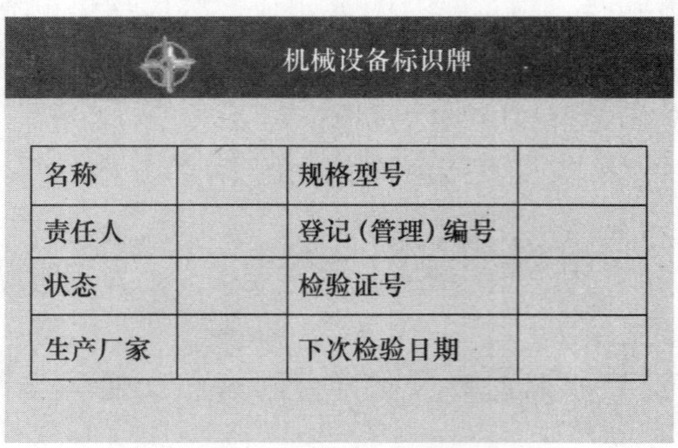

图4-2　机械设备标志牌示示意图

(3)材料标牌

露天堆放的材料应在材料堆放地设立材料标牌。材质为钢结构底板,表面喷塑,尺寸为1 000mm×760mm(宽×高),式样如图4-3所示。

图4-3 材料标牌示意图

4.2.4 安全操作规程牌

施工现场机具或适当位置,应设置相应工种安全操作规程牌。材质为钢结构底板,表面喷塑,尺寸为800mm×1 000mm(长×宽),如图4-4所示。

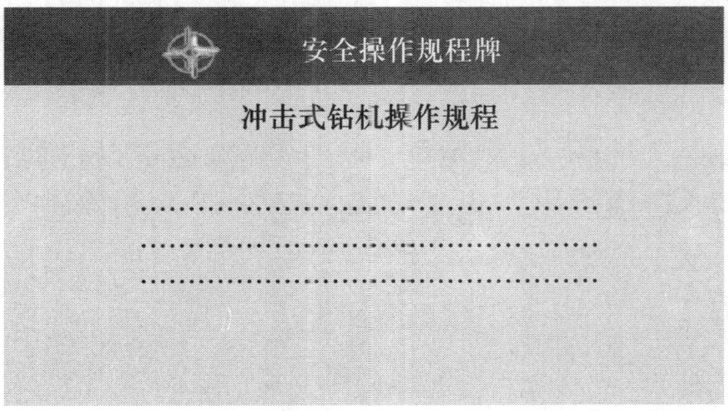

图4-4 安全操作规程牌示意图

4.3 防护栏杆(防护围栏)

4.3.1 主要设置位置

(1)高处作业(高于2m的施工作业),如吊篮、台车工作平台、水上工作平台、拌和楼操作平台、码头作业平台等平台边缘,人行塔梯边缘;

(2)临洞作业,如深度超过2m的基坑,孔洞边缘1m范围内;

(3)临水作业,包括泥浆池、临时便桥、临时码头、缆风绳的地锚周边1m范围内;

(4)其他需要设置防护栏杆的区域,如靠近河流和陡壁处的道路边缘;单侧或两侧拓宽的改建工程新老路分界处;工地的小型临时泊库边缘等。

4.3.2 设置标准要求

(1)防护栏杆应由上、下两道横杆和栏杆柱组成;

(2)可以采用原木(直径≮70cm)、钢筋(直径≮16cm)、钢管[ϕ48×(2.75~3.50)mm]材质制作;

(3)栏杆上杆离地高度不小于1.2m,下杆离地高度为0.6m,栏杆柱打入地面50~70cm,离边口的距离不小于50cm;

(4)栏杆必须自上而下用安全立网封闭;

(5)当栏杆所处位置可能发生人群拥挤、车辆冲击或物件碰撞等情况时,应加大横杆截面或加密柱距。

4.3.3 设置方式

(1)防护栏杆由上下两道横杆及栏杆立柱组成,上杆离防护面高度不低于1.2m,下杆离防护面高度不低于0.6m,栏杆立柱间距不得大于2m。所有栏杆应刷红白漆相间警示色,红、白漆间距均为300mm。

(2)防护栏杆采用ϕ48-51×3.5mm的钢管。

(3)防护栏杆必须采用扣件连接、丝扣连接、螺栓连接、焊接或其他可靠连接方式连接。

①在泥石地板固定时,立杆打入地面0.5~0.7m,离坡肩边口的距离应不小于0.5m;

②在坚固的混凝土表面等部位进行固定时,可用预埋件与钢管或钢筋栏杆柱焊接。

③在操作平台、通道、栈桥等处规定时,应与平台、通道杆件焊接或绑扎牢固。

④围栏封闭作业区域,预留出口设置安全标志。

4.4 防护棚(防护层)

4.4.1 主要设置位置

通道、上下立体交叉作业、跨线桥梁施工过程中需要设置防护棚或防护层。

4.4.2 设置标准要求

(1)满足防雨、防雪、防风及承重的要求;

(2)有坠落物的地点应具有抗砸能力。

4.5 安全网

4.5.1 主要设置位置

(1)平网:墩台施工高度超过10m;

(2)立网:高处、水上的临时跳板下面;

(3)密目式网:桥涵施工采用多层作业、桥下有通车及行人等立体施工。

4.5.2　设置标准要求

符合国家有关防护用品标准(《安全网》GB 5725—2009),安装后经验收合格后方可使用。

4.6　避雷设施

4.6.1　主要设置位置

(1)施工现场内的起重机、井字架、龙门架、钢脚手架、桩基成孔设备、软基处理机械、各类拌和机械等设备高度大于等于 20m 时,且在相邻的构造物的防雷设施保护范围之外,应安装防雷设施;

(2)工地上较高的建(构)筑物、临时设施及重要库房,如炸药库、油库、发(变)电房、塔架、龙门吊架等,均应加设避雷设施。

4.6.2　设置标准要求

(1)防雷设施要有产品合格证书;

(2)防雷设施应由专业部门安装,并组织验收合格后,方可使用。

4.7　机械防护罩

4.7.1　主要设置位置

(1)钢筋木材加工机械上;

(2)外露的转动或对人体易产生伤害的工程机械上。

4.7.2　设置标准要求

(1)防护罩结构和布局应设计合理,使人体不能直接进入危险区域;

(2)防护罩应有足够的强度、刚度;

(3)防护罩表面应光滑无毛刺和尖锐棱角,不应成为新的危险源。

4.8　个体安全防护

施工单位应当向作业人员提供必需的安全防护用具和安全防护服装,书面告知危险岗位的操作规程并确保其熟悉、掌握有关内容和违章操作的危害。应按照岗位需求,配备相应的个人安全防护用品。

(1)现场作业人员均应配置安全帽、反光背心或反光工作服、雨衣、橡胶雨靴、防滑鞋、帆布手套等基本劳动防护用品,并应按有效使用时间定期更换;

(2)机动车驾驶员和机械操作工,应配棉纱手套;

(3)钢筋工、搬运工宜配过胶防滑棉纱手套；

(4)电气焊工应配皮质电焊手套，电焊作业应配焊接面罩，气焊作业应配焊接防护眼镜；

(5)混凝土工在进行振捣作业时，应配戴防噪声耳塞；在进行混凝土凿毛或修饰作业时，应佩戴防尘口罩；

(6)电工必须配置电绝缘鞋；

(7)沥青作业人员在进行沥青混凝土搅拌和摊铺作业时，应穿戴棉质连体工作服、帆布长手套、防尘口罩、护目镜和帆布鞋盖；

(8)隧道钻爆作业人员进洞进行钻孔和清渣作业时，必须戴防尘口罩；在含有或可能含有有害气体和瓦斯的隧道或深井作业时，应为作业人员配备自给式空气呼吸器或长管面具；

(9)接触危险化学品、易爆物品人员，或在瓦斯隧道作业的人员，必须穿防静电工作服、防静电鞋和防静电手套；

(10)从事剧毒化学品作业的人员，必须佩戴过滤式防毒面具面罩；

(11)高处临边作业的人员，必须按规定穿戴救生衣；

(12)水上施工作业的人员，必须按规定穿戴救生衣；

(13)高处作业现场临边和等高爬梯外侧必须满挂密目式安全网，高处和悬空作业应按行业规定或设计要求张挂安全网；

(14)工人在作业时要按照规范要求佩戴好个人防护用品(表4-1)，破损丢失的要及时上报。

表4-1　个人防护用品配备标准

序号	名称 工种	工作服	工作帽	工作鞋	劳防手套	防寒服	雨衣	胶鞋	眼护具	防尘口罩	防毒护具	安全帽	安全带	护听器
1	电工	√	√	fz,jy	jy	√	√	—	—	—	—	√	—	—
2	电焊工	zr	zr	fz,jy	√	√	—	—	hj	√	—	√	—	—
3	油漆工	√	√	√	√	√	—	—	—	——	—	—		
4	带锯工	√	√	fz	fg	√	√	√	cj	√	—	—	—	√
5	木工	√	√	fz,cc	√	√	√	√	cj	√	—	√	—	—
6	砌筑工	√	√	fz,cc	√	√	√	jf	—	√	—	√	—	—
7	筑路工	√	√	fz,cc	√	√	√	jf	—	√	—	√	—	—
8	沥青路面操作工	zr	zr	fz,cc	√	√	√	jf	—	√	√	√	—	—
9	安装起重工	√	√	fz	√	√	√	jf	—	—	—	√	—	—
10	中小型机械操作工	√	√	fz	√	√	√	jf	—	√	—	√	—	—
11	汽车驾驶员	√	√	√	√	√	√	√	zw	—	—	—	—	—

注：1. 防护性能代表字母：cc－防刺穿；cj－防冲击；fg－防割；fz－防砸(1～5级)；hj－焊接护目；jf－胶面防砸；jy－绝缘；zr－阻燃耐高温；zw－防紫外线。

2. 其他工种的劳动防护用品的配备，按有关规定参照相近工种标准确定。

5 公路工程施工安全防护

5.1 施工通用作业安全防护

5.1.1 施工现场危险区域防护

施工现场应设置危险源告知牌，对施工中关键区域和危险区域，必须设置警示标志，警示标志宜采用警示带、警示链、警示围栏等。

(1)施工区域危险源告知牌宜用塑料、不锈钢等材料制作，并应安装在现场显著位置。

(2)施工中的临时性危险区域四周与起重机械吊臂旋转半径外1m，应设置移动式警示带、警示链、警示围栏等。

①移动式警示带、警示链、警示围栏等支架底座采用混凝土块，ϕ16mm的圆钢制作。

②支架立杆采用Q235钢管制作，并刷红、白油漆相间警示色。

5.1.2 临边防护

1)防护栏杆

(1)施工现场内的作业区、作业平台、人行通道、施工通道、基坑周边等施工活动场所，如临边离基准面高差到达或超过2m，必须沿周边1m边缘设置防护栏杆。防护栏杆应能承受1 000N以上的可变荷载。

(2)临水面的作业区应设置防护栏杆。

2)密目安全立网

防护栏杆下方有人员通行或作业的，应在防护栏杆下边设置高度小于0.2m的挡脚，并挂密目安全立网封闭。

5.1.3 洞口防护

(1)因工程本身存在或因工序需要而形成的洞口，必须设置稳固的盖板或防护栏杆及安全网或其他防护设施。

(2)施工现场通道附近的各类洞口与坑槽等处，应设置防护设施与安全标志，夜间应设置红灯警示。

(3)防护方式有以下几类：

①施工区域内，边长250～500mm的洞口、安装预制构件时的洞口以及其他各类洞口，应使用竹、木等材料作盖板，均衡搁置盖住洞口并牢固固定。

②施工区域内，边长 500～1 500mm 的洞口，应设置以扣件连接钢管而成的 1 000mm × 1 000mm 的网格，并在其上满铺竹笆或脚手板。

③施工区域内，边长 1 500mm 以上的洞口，四周应设置采用 ϕ(48～51)mm × 3.5mm 钢管的防护栏杆。

5.1.4 高处作业安全防护

高处作业人员上下应根据现场情况选用钢斜梯、钢爬梯、简易木梯，扶梯的设置应符合以下规定：

1)钢斜梯

(1)梯梁采用工字钢或槽钢，截面尺寸应通过计算确定。

(2)踏脚板应采用 3 根不小于 ϕ20mm 的钢筋与小角钢或 25mm × 4mm 扁钢与小角钢组焊成的格子板，踏脚板的宽度不小于 0.1m，踏脚板间距宜为 0.3m 等距离分布。

(3)边缘扶手栏杆不应小于 0.9m，扶手立柱间距不宜大于 2m，采用外径不小于 30mm，壁厚不小于 2mm 的管材。

(4)梯宽度不小于 0.6m。

(5)扶梯高度大于 5m 时，宜设梯间平台，分段设梯。

(6)扶梯焊接、安装应牢固可靠。

2)钢爬梯

(1)梯梁宜采用不小于∠50 × 50 角钢或不小于 ϕ30mm 的钢管。

(2)踏棍宜采用不小于 ϕ20mm 的圆钢，间距宜为 30mm 等距离分布。

(3)爬梯与建筑物或设备之间的净距离不得小于 150mm。

(4)梯段高度超过 5.0m，后侧临空面应设置与用途相适应的护笼。

(5)超长直爬梯，每隔 8.0m 应设置梯间平台。

(6)爬梯宽度不小于 0.6m。

(7)爬梯焊接、安装应牢固可靠。

3)简易木梯

(1)木梯长度不宜超过 3m，宽度不宜小于 0.5m。

(2)梯梁截面尺寸不得小于 50mm × 80mm，圆木梢径不得小于 80mm，踏棍间距不宜大于 300mm。

(3)木梯工作角度以 70° ± 5°为宜，必须固定稳固。

5.1.5 通道、设备防护

当临街通道、场内通道、出入建筑物通道处于物体可能坠落半径内或起重机臂回转范围内时，必须设置防护棚。

(1)防护棚应采用 ϕ(48～51)mm × 3.5mm 钢管扣件脚手架或其他型钢材料搭设，严禁采用竹木杆件搭设。

(2)防护棚的顶部严密铺设双层正交竹串片脚手板或其他双层正交 50mm 厚木模板

及封闭的防护立网或挡板。

(3)防护棚的搭设

①防护棚净空高度和宽度应根据通道所处位置及人、车通行要求确定,高度一般不低于3.5m,宽度一般不小于3m。

②杆基础须作硬化处理,立杆必须沿通行方向设置扫地杆和剪刀撑。

③杆纵距不应超过1.2m,防护棚悬挑尺寸为0.3~0.5m。

④宽度超过3.5m或高度超过4m的防护棚,立杆间距应加密或使用双立杆、型钢、脚手架管格构式立柱,纵向横杆应采用型钢制作或搭设承重脚手架。

⑤防护棚两侧边应设置隔离栏杆,引导行人从安全通道内通过,必须时满挂密目网封闭。

5.1.6 起重作业防护

(1)起重作业时,应设置安全警戒区、安全警示标志。

(2)起重机械防护设施:

①轨道式起重机缆风绳。应使用ϕ8mm以上钢丝绳,且每条接头不能多于1个,与地面夹角45°~60°,每根缆风绳应有独立的地锚,缆风绳与地锚应有紧张器调整松紧。

②流动式起重机作业时,支腿垫木垫实,支腿所用垫木要用坚实木材制作,两端包以铁箍,装设提环。

③重臂应设有“起重臂下严禁站人”的警示标志。

④起重设备进行起重作业时,应按规定显示号灯或型号。

5.2 路基工程

5.2.1 施工准备

(1)沟、坑、水塘边缘1m范围内,设置安全护栏。

(2)临时油库围栏。设置于需要隔离防护的油库区周边,具体位置根据油库储量按国家标准要求确定,采用钢丝网护栏和彩钢板护栏。

(3)炸药库围栏。在炸药库周边应设置全封闭的安全围栏,具体位置以能确保安全为准。

5.2.2 路基施工

1)路基爆破警戒

(1)警戒隔离带。应设于爆破危险区和安全区的交界处,可采用工厂的定型产品。

(2)活动式警戒隔离栏。应设于爆破危险区和安全区交界的交通路口处。

(3)警戒牌。应设于爆破危险区和安全区的交界处。

2)路基拓宽改建安全防护设施

安全防护设施有以下几种形式,应根据现场实际选用适宜的形式。

(1)波形护栏。用于需长期隔离施工的区段,设置在距施工区外侧50cm处。

(2)水泥墩钢管护栏。本护栏移动性好于波形护栏,可随时调整维护位置,用于中、短期维护,位置一般设于施工区外50cm处。

(3)塑料水马。用于临时隔离施工区,置于施工区和非施工区交界处。塑料水马内注水,倒空后非常轻便,便于快速移动,随时调整位置。塑料水马形式多样,均为工厂生产的定型产品,施工中可根据需要选定。

3)特殊路段施工防危石设施

(1)普通落石阻拦网。山体落石较小时采用,设置于落石滚落路径的下方适当位置。

(2)加强型排架阻拦网。山体落石较大时采用,设置于落石滚落路径的下方适当位置,样式同普通落石阻拦网,所用材料有所加强。

(3)柔性防护网。风化较严重的山体坡面防护直接用锚钉挂于坡面。

4)高边坡施工安全设施

(1)人行过道安全护栏。设置于脚手架人形通道临边一侧。

(2)人行爬梯。设置于需要登高作业处。

(3)人行扶梯。设置于脚手架外侧或边坡上。

5)危险地段施工防护设施

(1)电杆土台安全护栏。设置于电杆土台外侧1~2m处。

(2)危险地段机械作业安全警示牌。设置于机械作业区外适当位置。

6)与公路交叉现场安全设施

在新建公路同原有公路平面交叉或下穿施工情况下的交通安全设施必须按照《道路作业交通安全标志》(GA 182—1998)设置,并按当地管理审批部门要求和批准的具体方案确定。

7)城市道路施工围挡

(1)市区道路全封闭围挡。设置于施工区和非施工区交界处,设置要求参见4.1.2节。

(2)施工围挡警示灯。设置于围挡混凝土柱顶。一般采用专业生产厂家生产的定型产品。

5.3 路面工程

5.3.1 一般路面工程施工

一般路面工程施工中的个人防护用品和防护设施详见第4章。

5.3.2 边通车、边施工作业安全防护

(1)边通车、边施工作业基本防护详见第4章。

(2)现场人员必须执行《道路作业交通安全标志》(GA 182—1998)和当地主管部门的规定,佩戴安全帽,穿反光背心或带反光条的工作服。

(3)现场作业车辆、机械必须执行《道路作业交通安全标志》(GA 182—1998)和当地主管部门的规定,配置作业警示灯。

(4)公路路面作业、城市快速路和汽车专用路路面作业交通安全标志必须按照《道路作业交通安全标志》(GA 182—1998)和当地管理部门要求和批准的具体方案确定。

(5)一般道路占用机动车、非机动车道路面作业交通安全标志必须按照《道路作业交通安全标志》(GA 182—1998)和当地管理部门要求和批准的具体方案确定。

(6)道路导改:在导改出入口处各设置一人,在施工作业区按照现场需求,设立道路导改人员,要求施工单位提前做好处理疏堵的方案或预案。

(7)在通车道路与施工分界区要设立防撞墩或反光路锥等道路导改设施,在出入口处安装爆闪灯、警示灯,在坑、洞、沟渠等地方,挂设警戒线和串灯。

(8)其他方面参照《公路工程施工安全技术规程》(JTJ 076—1995)第10章的相关要求执行。

5.3.3 拌和站

(1)拌和站必须设置有效的避雷装置。

(2)灭火器材。在拌和站附近易于取放和避光处放置灭火器材。一个灭火器配置场所内的灭火器不应少于2具,每个设置点的灭火器不宜多于5具。铭牌必须朝外。

5.4 普通桥梁工程

5.4.1 基础工程

1)基坑

(1)爬梯。基坑开挖深度大于2m时应设置扶梯或爬梯。

(2)安全护栏。基坑顶部、套箱围堰四周应设安全护栏。

(3)夜间警示灯。基坑周边每隔5m在安全护栏顶部设置一盏夜间警示灯,夜间警示灯颜色为红色。

2)深井基础

(1)爬梯。深井下沉时,沉井各室均应配备爬梯。

(2)安全护栏。深井井面应设置安全护栏。

3)钻孔灌注桩基础

(1)孔口防护设施。已埋设护筒未开钻或已成桩护筒尚未拔除的应加设护筒顶盖或铺设安全网遮罩,或设置孔口安全护栏。

①护筒顶盖。护筒顶盖可采用钢板、钢筋网片制作,大小根据实际情况确定。

②安全网。安全网应牢固固定在护筒周边。

(2)警戒设施。泥浆池周边应设置警戒设施。

(3)警示灯。夜间泥浆池处应设置警示灯,警示灯颜色为红色。

4)水上钻孔平台安全防护设施

(1)安全护栏。水上钻孔平台四周应设置安全护栏。

(2)警示灯。临近航道的水上钻孔平台,应在平台四角设置警示灯。

(3)航标灯。临近航道的水上钻孔平台施工期间,应向航道管理部门申请在航道两侧设置航标灯。

5.4.2 墩台、盖梁工程

(1)安全护栏。高处作业平台临边应设置安全护栏。

(2)高处作业应配备人员登高用的梯子。

梯子可选用以下形式:

①爬梯。适用高度2~5m。

②转梯。适用高度5~20m,转梯周边应用密目安全网密封。

(3)警戒设施。模板、脚手架拆除时,拆除现场应设置警戒区域。

(4)脚手架的搭设要严格按照《建筑施工扣件式钢管脚手架安全技术规范》(JGJ 130—2006)脚手架底层步距不应大于2m。立杆上的对接扣件应交错布置。搭接长度不应小于1m。对高度在24m以下的单、双排脚手架,宜采用刚性连墙件与建筑物可靠连接,亦可采用拉筋和顶撑配合使用的附墙连接方式。严禁使用仅有拉筋的柔性连墙件。高度大于6m的脚手架,宜采用"之"字形斜道。

5.4.3 桥面施工

(1)安全护栏。桥面施工临边应设置安全护栏。

(2)跨间通道安全护栏。桥梁结构为左右幅平行且两幅间距小于3m,应设置跨间通道,并在通道两侧加设安全护栏。

5.5 特殊桥梁工程

5.5.1 拱桥

(1)拱桥分类。拱桥按施工类型分为三类:就地浇筑混凝土拱桥、拱圈转体施工和拱圈吊装施工。

(2)爬梯的设置。在上下拱圈工作时必须设置爬梯。

(3)安全护栏的设置。在拱圈的临边处设置安全护栏。

5.5.2 悬索桥

1)锚碇

(1)锚碇基坑边缘四周应设置安全护栏,在距基坑边缘1m处设置;并在护栏外侧设置密目安全网。

(2)锚碇施工时应设置工作平台,在工作平台的临边处设置安全护栏。

(3)在进入基坑工作时必须设置上下转梯。

2)索塔

(1)在索塔外侧设置电梯和临边爬梯,并在电梯入口处设置安全通道。

(2)在索塔施工时应设工作平台,平台外侧临边处设置安全护栏;并在护栏外侧设置密目安全网。

(3)在索塔模板的下部应设置防坠物平网。

(4)在索塔工作平台上必须采用标准配电箱,并按通用篇要求,配备足够的消防器材。

3)猫道安全防护

(1)施工猫道应铺设防滑木板宽度30cm,厚度3cm以上,并与猫道牢固连接。

(2)施工猫道外侧应设置钢丝密目网并牢固连接。

5.5.3 斜拉桥

1)索塔施工

(1)搭设钢平台

①水上作业人员专用吊篮。钢平台(起始平台、生活平台、操作平台)搭设过程中,在进行钢护筒和钢管桩之间上层平联和下层刚性连接时,可利用钢护筒或钢管桩顶口挂设带爬梯的钢制移动吊篮,作为作业人员的临时作业平台和保护体。

②辅助、防撞设施。平台区护筒平联及梁系施工完成后,为防止钢护筒受到施工船舶的直接撞击,宜在护筒区平台的两侧设置辅助防撞桩,并且将其与护筒区平台以及起始平台、辅助平台连成整体,其顶部安全人行走道和双边安全护栏。

③护筒区施工通道。为保证作业人员在钻孔灌注桩和桥墩封底作业过程中安全行走,可在平联钢构上铺设工字钢和钢板形成走道,走道两边应设置安全护栏和安全网。

④临边防护。钢平台(起始平台、生活平台、操作平台)周边设置安全护栏、安全网全封闭。

⑤钢平台上下通道。应制作、安装钢制扶梯,踏步应有防滑措施。

⑥靠船设施。刚平台两侧安装橡胶护舷。

⑦安全警示牌。在钢平台出入口处、安全护栏内侧、护筒区、起重设备、发电机房等醒目处设置。

⑧消防器材。施工平台、生活区平台、发电机房等处设置消防器材。

⑨救生圈。沿平台安全护栏外侧每10m布设一个。

⑩搭设防风、防雷装置。塔顶须安装避雷针。遇8级及以上大风时的,应从塔身由下至上2/3处,挂4根ϕ20mm钢丝绳与平台锚固点连接,缆风绳与地平面之间的夹角以35°~45°为宜。

(2)桩基成孔成桩施工。钻进安装定位后,钻孔平台四周应设置安全护栏、安装安全网。

(3)主墩护筒区平台拆除作业防护筒顶盖可采用钢板、钢筋网片制作,大小根据实际情况确定。

(4)钢套箱吊装。钢套箱在浮运和安装过程中,四周内外应设置活动安全护栏,其护栏应在工厂焊接栏杆底座,现场安装栏杆立柱,然后用链环连接形成栏杆。钢套箱须在外圈四角对称处装设警示灯,并应在护栏上每隔10m悬挂一个救生圈。

(5)承台封底临时施工平台。承台封底浇筑施工前,应沿导管支架侧面布置横向通道,利用钢套箱的钢管支撑布置纵向通道;通道上铺木板,空隙部位布设安全网。

(6)下塔柱施工时,应在左右幅墩身之间设置登高转梯。

(7)塔柱下横梁和中横梁钢筋混凝土施工为高处悬空作业,应在两塔之间搭设临时支架,并在支撑模板的分配梁上四周安装1.5m高度的安全护栏,护栏外侧满挂小于或等于11目/m^2 的高空安全网。

(8)塔柱下横梁和中横梁搭设预应力施工操作平台必须设置1.5m高度的安全护栏。

(9)中塔柱液压爬模施工。液压爬模在设计阶段均应要求在主工作平台、爬升操作平台、钢筋绑扎平台、修饰平台、电梯入口平台、支撑模板操作平台等上下之间设置爬梯,每层周边布设整体安全护栏;液压爬模安装到位后,应在护栏外侧满挂小于或等于11目/m^2的平网,最下一层平台底部外侧与塔体之间应挂兜底安全网。

(10)上塔柱钢锚箱安装时,各层平台周边应设置1.5m高度的安全护栏,上下平台之间用带背圈的爬梯相连。

(11)上塔柱环向预应力施工操作平台的安全护栏高度不应低于1.5m,作业人员应穿救生衣,系安全带。

(12)索塔施工关键设备塔吊和电梯的防护。塔吊须根据桥塔承台和塔柱的结构形式,设计安装钢结构基础平台和附墙架,其附墙架的垂直布设间距根据塔吊产品说明书具体要求确定。施工电梯的附墙架则由生产厂家随机配套提供。

2)斜拉桥箱梁施工

(1)箱梁混凝土挂篮悬浇施工,作业人员必须穿救生衣、佩戴全身安全带。

(2)钢箱梁焊接采用桥梁永久检修小车作为焊接平台,作业人员必须穿救生衣、佩戴全身安全带。

3)斜拉索安装施工

(1)斜拉索塔端安装。塔顶工作平台周边应安装高度不低于1.5m的安全护栏,搭乘塔内电梯和塔外电动升降机进行挂索的作业人员,必须佩戴全身安全带。

(2)斜拉索梁端安装,利用桥梁永久检修小车作为工作平台,作业人员必须穿救生衣、佩戴全身安全带。

5.6 隧道工程

5.6.1 施工准备

1)一般施工准备

(1)反光背心。洞内作业人员应穿反光背心。

(2)绝缘靴。洞内作业人员应穿绝缘靴。

(3)防尘口罩。进行钻爆、喷射混凝土作业时人员应佩戴防尘口罩。

(4)门禁系统。所有在建公路隧道进出洞口安装智能门禁监控系统。门禁监控系统应具有可视、互联、非卡报警、人员档案读取、进出记录、实时数据管理等功能。该系统能实时显示出入施工现场的人员信息及相关影像资料,便于施工单位随时掌握作业人员信息。

(5)路标指示牌。进入现场交叉口处应设置路标指示牌。

2)施工测量

(1)反光安全帽。测量人员应佩戴反光安全帽。

(2)反光作业警示牌。在测量作业区域内应设置反光作业警示牌。

5.6.2 洞口、明洞与浅埋段工程

1)洞口工程

(1)安全护栏。洞口边、仰坡施工作业平台临边应设置安全护栏。

(2)警戒隔离绳。洞口工程爆破作业应与爆破危险区和安全区的交界处设置警戒隔离绳,移动式的可采用工厂的警戒隔离栏定型产品。

(3)警戒牌。应设于爆破危险区和安全区的交界处。

(4)袖标、警示旗、哨。在岩爆破危险区和安全区的交界处进行警戒的人员应使用袖标、警示旗、哨。

2)浅埋段工程

浅埋地表安全监测应使用地表观测标志,浅埋地表安全监测地段作业时应设置安全护栏。

5.6.3 开挖

1)钻爆作业

(1)可调性作业平台。开挖台车各作业平台应设置可调性平台。

(2)安全护栏。开挖台车作业平台固定临边应设安全护栏,并设密目安全立网。

(3)警戒隔离绳。距掌子面200m外应设置警戒隔离绳,移动式的可采用工厂的警戒隔离栏定型产品。

(4)警示牌。在警戒线外设置。

(5)袖标、警示旗、哨。供在警戒线外警戒人员使用。

(6)火工品场内运输专用箱。炸药、雷管必须用设锁火工品专用箱来分别运送。

(7)警示灯。开挖台车下方应具有足够的空间,满足洞内运输车辆通行,内轮廓应设置警示灯。

(8)限高标志牌。开挖台车通道口两侧顶部应设置限高标志牌。

2)盾构隧道

(1)安全带、救生绳和软梯。进工作舱作业时配备安全带、救生绳和软梯,一人一套。

(2)人行通道。盾构机后要设置专用的人行通道。

(3)安全护栏。盾构机后专用的人行通道临边应设置安全护栏。

5.6.4 出渣与运输

1)装渣与卸渣

(1)警示牌。在装、卸渣作业场所应设警示牌。

(2)安全护栏。渣场下边缘危险范围内设安全护栏,并设密目式安全立网围栏。

2)运输

(1)有轨运输安全设施。在线路尽头应设置挡车装置和标志,以及足够宽的卸车平台。

(2)无轨运输安全设施。

①缓行标志。在洞口、平交道口、狭窄的施工场地,应设置缓行标志。

②限界警示灯。凡接近车辆限界的施工设备与机械均应在其外缘设置低压红色闪光灯,显示限界。

③"鸣笛"标志牌。岔道口及路线变更处设置"鸣笛"标志牌。

④"转弯"警示牌。道路转弯处设置。

5.6.5 施工支护

施工支护包括锚杆施工、喷射混凝土、构件支护几个方面。

(1)安全护栏。多功能作业台架固定临边应设置安全护栏。

(2)防护眼镜。吹孔及灌注砂浆时作业人员应配备防护眼镜。

(3)胶皮手套。灌注砂浆时作业人员配备胶皮手套。

5.6.6 衬砌

衬砌安全防护包括拱架模板施工、衬砌台车作业安全设施两个方面。

(1)安全平网。台架通道上部应满铺木板,应设安全平网兜底。

(2)安全护栏。衬砌台车作业平台临边应设置安全护栏。

(3)轮廓警示灯。台车和搭设脚手架平台下方行车通道应满足洞内通车要求,内轮廓应设置警示灯。

(4)限速警示牌。衬砌作业段两端20m,设置行车限速警示牌。

(5)警戒隔离绳。衬砌模架、台车安装和拆除时,现场应设置警戒隔离绳。移动式的可采用工厂的定型产品警戒隔离栏。

(6)警示标牌。衬砌模板、台车安装和拆除时,应在警戒区域外设置警示标牌。

5.6.7 监控量测

(1)警示标牌。测量点外20m设置反光作业警示牌,要求醒目。

(2)视频监控系统。所有隧道工程施工现场在每一个主要作业面、掌子面安装视频监控系统,系统应具有摄像头变焦、转向和广播、传输数据和视频实时监控等功能,确保监控能够覆盖施工作业面。

(3)第三方监控量测。建设单位应聘请第三方监控量测机构,对工程进行实时监测,每天将监测结果报建设单位。监控量测单位应具有公路水运工程试验检测机构综合甲级或桥梁隧道工程专项资质,并有完善的组织管理制度,由监理对其工作进行监督。对监测中发现的数据异常等问题,建设、设计、施工及监理单位按职责及时采取措施进行处理,发生超预警值等严重问题时,及时组织专家进行论证并提出处理意见,各单位按专家意见立即处理。

(4)各隧道标段项目部应设置监控室,每个监控室应设有视频监控台、监控量测数据平台和门禁智能监控平台,监控室必须24h有专人值班,随时监控掌子面、作业面情况,项目部经理和技术负责人是监控室的负责人和责任人。

5.6.8 防水和排水

施工防排水。反坡排水集水井周边设置安全护栏,并悬挂密目式安全立网。

5.6.9 风水电作业和通风防尘及防火

(1)供风和供水。风动机械和软管连接、检修人员必须配备防护眼镜,胶皮手套。

(2)供电与照明。隧道内的照明灯应选用防水灯头。

(3)防尘、防有害气体。

①甲烷测定器。瓦斯隧道施工时应使用AQG-3型光干涉甲烷测定器对甲烷、二氧化碳定期检测。

②喷雾、降尘装置。开挖面和衬砌工作面之间应设置喷雾、降尘装置。

③正压氧气呼吸器。隧道显著位置应配置HYZ4(B)隔绝式正压氧气呼吸器。

④过滤式自救器。进洞人员均应配发过滤式自救器。

⑤甲烷指示报警器。瓦斯隧道施工时应在掌子面上悬挂JCB-CO5A型甲烷指示报警器。

5.6.10 辅助坑道

1)竖井安全设施

(1)声光信号、直通电话。竖井信号设施主要包括电铃和有色灯信号,同时加设声光信号、直通电话。

(2)封口盘。竖井井口应设置封口盘。

(3)安全护栏。罐笼通过封口盘,应设专人开闭井门,井门两侧应设置防护栏杆,并挂密目式安全立网。

(4)全背式安全带。上下井人员必须佩戴全背式安全带。

(5)避雷针。井架顶端应设置避雷针。

(6)警示牌。井口处应设置“禁止料罐乘人”警示牌。

2）斜井安全设施

（1）声光信号、直通电话。在有轨运输斜井井口和井底之间采用声光信号联系，并设置声光信号、直通电话。

（2）上下坡警示标志。斜井坡度大于10%时，必须设行人台阶及上下坡警示标志。

（3）安全护栏。在集水井井口四周要设置防护栏杆。

5.7 其他

5.7.1 临时用电

1）基本要求

（1）电气操作人员必须具备下列基本条件：

①经医师鉴定，无妨碍工作的病症。

②必须取得“电工作业”操作证后，持证上岗作业。

（2）电气操作人员必须严格遵守《施工现场临时用电安全技术规范》（JGJ 46—2005）及相关的规程、条例进行操作。

（3）各工区对管段内的施工用电和各种电器设备进行日常维护，实行统一管理。

（4）在施工组织设计中，要制订临电管理方案及相关的安全生产用电措施、要求。

2）安全用电的组织措施

（1）项目经理对本项目的施工安全用电负全责。安全质量部负责制订安全用电相关的措施、方案、操作规程和岗位责任制。安检部门负责日常与定期检查、监督管理。

（2）项目部的安全用电检查与每月定期组织进行的“安全质量生产检查”同步进行。在雨季施工时，每旬对防雷击、电击的设备进行检查、检测，检测记录要保存完好。

（3）在检查中发现安全用电隐患，要填写“不符合整改通知单”及时进行整改。按整改通知单要求，将整改措施、责任人、完成时间及验证情况认真落实，消除隐患。

3）安全用电的技术措施

（1）不论高压设备带电与否，值班人员不得单独移开或越过遮栏进行工作；若有必要移开遮栏时，要有专人进行监护。

（2）在全部停电或部分停电的电气设备上工作，必须完成停电、验电、放电等安全措施。

（3）电气设备都要按规定设置醒目的，与之相关的标示牌、警示牌、安全操作规程。

（4）在一经合闸即可送电的施工或检修电气设备，电气操作时应悬挂“有人工作，禁止合闸”标示牌，在临近带电部分的遮栏上，应挂上“止步，高压危险”的标示牌。

（5）带电作业应在天气良好的条件下进行，要有专人进行监护。要保证足够的安全距离，而且带电部分只能置于作业、检测人员的一侧。

（6）带电作业使用的工具要经过安全性能检查和试验，作业人员要佩戴相应的劳动防护用品。且作业工作时间不宜过长，以免操作人员注意力分散而发生事故。

(7)工地内的动力和照明线路,原则上应沿施工便道或通道的一侧临空架设。个别需横跨施工便道、通道的地段,其架设高度必须满足安全和限高要求。电线、电缆横穿路面的应挖沟暗埋或采取其他有效的措施予以保护。

(8)所有动力设备应有可靠的接地保护和防雷击措施。并要做到"一机一闸一漏一箱"。

(9)临时配电箱、闸刀开关等均应安装在防水的盒、箱内,防止雨淋漏电。

(10)办公场所和员工宿舍,均要按规定统一配置电线路。不得私接电源线、电源插座,不得使用花线,严禁使用电炉、电热毯等。

5.7.2 现场消防

1)安全疏散设施

(1)办公及生活区安全疏散设施的设置应符合《建筑设计防火规范》(GB 50016—2006)的要求,施工现场通道应保持通畅。

(2)办公及生活区临边疏散楼梯、走道应设置防护栏杆。

(3)疏散楼梯间、室内走道以及会议室、员工活动室、发电机房等部位应设应急照明;应急照明连续供电时间不少于20min,最低照度不应低于0.5Lx。

2)消防设施配置

(1)办公、生活区及施工现场配置消防设施应符合《建筑设计防火规范》(GB 50016—2006)、《建筑灭火器配置设计规范》(GB 50140—2005)的要求。

(2)施工现场有关场所火灾类别、危险等级、灭火器最大保护面积、最大保护距离。

(3)一个计算单元内配置的灭火器数量不得少于2具;每个设置点的灭火器数量不宜多于5具。

(4)灭火器应设置在位置明显和便于取用的地点,且不得影响安全疏散,摆放应稳固,其铭牌应朝外。手提式灭火器宜摆放在灭火器箱内或挂钩、托架上,其顶部离地面高度不应大于1.50m;底部离地面高度不宜小于0.08m。

(5)用可燃材料搭建的办公及生活用房、人员密集的员工宿舍、建筑面积大于100m^2的仓库及木工车间的适合用水扑救的场所,宜设置可在自来水供水管路上使用的消防软管卷盘或轻便消防水龙〔符合《建筑设计防水规范》(GB 50016—2006)规定应设消火栓的场所按其规定设置〕。

3)消防安全标志

(1)消防安全标志的设置应符合《消防安全标志》(GB 13495—1992)、《消防安全标志设置要求》(GB 15630—1995)的规定。

(2)办公及生活区人员密集场所的安全出口、疏散通道处应设置"安全出口"标志。在远离安全出口的地方,应将"安全出口"标志与"疏散通道方向"标志联合设置(标志的间距不应大于20m,袋行走道的尽头离标志的距离不应大于10m),箭头方向必须指向通往安全出口的方向。

(3)施工现场的下列区域应相应地设置"禁止烟火"、"禁止燃放鞭炮"、"当心火灾—

易燃物质”、“当心爆炸—爆炸性物质”等标志。

①具有甲、乙、丙类火灾危险地仓库的入口或防火区内。

②汽油、柴油、油漆等甲、乙、丙类液体储罐、堆放的防火区内。

③乙炔、氧气等可燃、助燃气体储罐或罐区、堆放的防火区内。

④火工品库房、临时放置点的防火防爆区内。

⑤木工车间、机械修理车间的入口或防火区内。

⑥燃油、燃气锅炉房及油浸变压器的防火区内。

⑦甲、乙、丙类液体及其他化学危险物品的运输工具上。

(4)对有视线障碍的灭火器材设置点,应设置指示其位置的发光标志。

(5)消防安全标志应设置在显眼处,使大多数观察者的观察角接近90°,尺寸大小一般为25cm×30cm、20cm×32cm;设置时,应避免出现标志内容相互矛盾、重复的现象,尽量用最少的标志表达必需的信息。

4)火工品库安全防护设施

(1)库区与外界建筑设施的距离应符合国家《爆破安全规程》(GB 6722—2003)的相关要求;库区内各库房之间的距离不应小于12m,库区值班室距各库房的距离不应小于30m。

(2)炸药库、雷管库必须设专用发放室。

(3)库房的门应为两层且均应向外开启,外层门应为铁皮包覆的耐火门。里层为铁栅门和金属网;门的宽度不宜小于1.0m,高度不宜小于2.0m,不应采用侧拉门、弹簧门,不应设置门槛。库房内任一点到门口的距离不应超过15m。

(4)库房的窗应能开启并应配置铁栅和金属网。在窗下靠近地面的适当部位设置通风孔并配置铁栅和金属网。

(5)炸药库房地面应采用不发生火花的地面,雷管库房地面应保持平整,并铺软垫。

(6)库区应设密实围墙,围墙到最近库房墙角的距离不应小于5m,高度不应低于2m,墙顶应设防攀越措施。库房周围5m范围内应清除枯草、易燃物,围墙外15m范围内不应种植针叶树和竹林。

(7)值班室与炸药库房之间靠近值班室的一侧应有防护屏障,其高度应超过值班室的高度0.5m,其顶宽不宜小于1.0m,坡脚距值班室外墙距离不宜大于2.0m。

(8)防护屏障应使其边坡稳定,表面平整。在取土困难地区,允许在防护屏障的底部用块石或其他块状材料砌筑不高于2.0m的基础,基础上部应采用泥土等非燃材料修筑;也可利用开挖的边坡兼作防护屏障。

(9)库区应配置适当的消防器材,应设储水量不少于15m^{3}的消防水池。草原和森林地区的库区周围应修筑防火沟渠,防火沟渠边缘距库区围墙不宜小于10m,沟渠宽1~3m,深1m。

(10)库区应安装报警器和监视系统,值班室配备通信电话,各危险等级爆破器材仓库应按防雷建筑物的防雷规定设防。

5.7.3 特殊季节与夜间施工

对雨、雪天气，冬季，夜间施工等采取有针对性的安全防护设施，确保施工安全。

夜间施工时，施工中的小型桥涵两侧及穿越路基的管线等临时工程，应设置围栏，并悬挂红灯示警标志。

参见《公路工程施工安全技术规程》(JTJ 076—1995)第9章的相关要求。

6 安全生产教育培训

6.1 从业人员教育培训的有关规定

6.1.1 法律法规的有关规定

从业单位应当对从业人员进行安全生产教育和培训,保证从业人员具备必要的安全生产知识,熟悉有关的安全生产规章制度和安全操作规程,掌握本岗位的安全操作技能。

施工单位应当对管理人员和作业人员进行每年不少于两次的安全生产教育培训,其教育培训情况记入个人工作档案。

施工单位在采用新技术、新工艺、新设备、新材料时,应当对作业人员进行相应的安全生产教育培训。

新进人员和作业人员进入新的施工现场或者转入新的岗位前,施工单位应当对其进行安全生产培训考核。

未经安全生产教育培训考核或者培训考核不合格的人员,不得上岗作业。

6.1.2 从业单位教育培训计划及培训内容

公路工程各从业单位应结合工程实际情况,制订相应的年度教育培训计划,使安全生产教育工作有序开展。

教育培训内容主要包括:国家、省市及有关部门制定的安全生产方针、政策、法律、法规;建设工程施工现场安全管理相关标准规范、施工安全管理标准化相关文件;安全生产管理、安全生产技术、职业卫生等知识;典型事故和应急救援案例分析;消防安全知识等。

6.2 从业人员安全教育培训

从业人员教育培训包括安全管理人员、监理人员、施工一线人员的教育培训。施工人员安全教育培训涉及岗前教育培训教育,转岗教育培训,新工艺、新材料、新设备等投入生产的教育培训,事故发生后的教育培训,安全技术交底培训,安全生产三类人员教育,特种作业人员教育培训和其他教育培训等。

各类安全教育培训均要有接受教育培训人员签字的教育培训记录。

6.2.1 安全生产三类人员的教育培训

公路、水运工程施工企业主要负责人、项目负责人和专职安全生产管理人员(以下简称安全生产三类人员),应按照《公路水运工程施工企业安全生产管理人员考核管理办法》(交质监发[2009]757 号)要求,取得《安全生产考核合格证书》(以下简称“考核证书”),方可参加公路、水运工程投标及施工活动。

1)安全生产三类人员定义

安全生产三类人员包括:

(1)企业主要负责人,对本企业日常生产经营活动和安全生产工作全面负责、有生产经营决策权的人员,包括企业生产经营工作的负责人、企业安全生产工作的负责人等。

(2)项目负责人,由企业法定代表人授权,负责公路、水运工程项目施工管理的负责人,包括项目经理、项目副经理和项目总工等。

(3)专职安全生产管理人员,在企业专职从事安全生产管理工作的人员,包括企业安全生产管理机构专职安全员和施工现场专职安全员(以下分别简称为企业专职安全员和施工现场专职安全员)。

2)安全生产三类人员考核培训要点

(1)企业主要负责人和企业专职安全员培训考核要点

①国家有关安全生产的方针政策、法律法规、部门规章、技术标准和规范性文件。

②公路、水运工程安全生产管理的基本知识和相关专业知识。

③公路、水运工程安全事故防范、应急救援措施、报告制度及调查处理方法。

④企业安全生产责任制和安全生产规章制度的内容和制定方法。

⑤公路、水运工程典型生产安全事故案例分析。

(2)项目负责人培训考核要点

①国家有关安全生产的方针政策、法律法规、部门规章、技术标准和规范性文件。

②公路、水运工程安全生产管理的基本知识和相关专业知识。

③公路、水运工程重大事故防范、应急救援措施、报告制度及调查处理方法。

④企业安全生产责任制和安全生产规章制度的内容和制定方法。

⑤公路、水运工程施工现场安全生产监督检查的内容和方法。

⑥公路、水运工程典型生产安全事故案例分析。

(3)专职安全生产管理人员培训考核要点

①国家有关安全生产的方针政策、法律法规、部门规章、技术标准和规范性文件。

②公路、水运工程重大事故防范、应急救援措施、报告制度、调查处理方法及防护救护措施。

③企业和项目安全生产责任制和安全生产规章制度内容。

④公路、水运工程施工现场安全监督检查的内容和方法。

⑤公路、水运工程典型生产安全事故案例分析。

3)安全生产三类人员继续教育

在考核证书有效期内,安全生产三类人员应当至少参加一次由市交通运输主管部门组织的、不低于 8 个学时的安全生产继续教育。中央企业安全生产三类人员可参加部组织的安全生产继续教育。

发证机关应将安全生产继续教育信息在管理系统中及时予以录入、更新。

6.2.2 施工人员教育培训

1)岗前教育培训

作业人员进入新的岗位或者新的施工现场前,应当接受安全生产教育培训。未经教育培训或者教育培训考核不合格的人员,不得上岗作业。

(1)新入场从业人员的三级教育培训

新入场从业人员是指新入场的学徒工、实习生、委托培训人员、合同工、新分配的院校学生、参加劳动的学生、临时借调人员、相关方人员、劳务分包人员等。

在新工人上岗前要对其进行必要的安全教育,重点以项目的安全规定,如何使用个人防护用品,施工现场的安全隐患,工作和生活中要注意的安全事项等,还要针对其所担任的工作按工种进行教育。

(2)三级教育培训的主要内容

三级教育分为项目部级、部门主管级、班组级安全教育。

项目级安全教育的主要内容包括:本项目的安全生产状况;本项目工作环境、工程特点及危险因素;所从事工种可能遭受的职业伤害和伤亡事故;所从事工种的安全职责、操作技能及强制性标准;自救互救、急救方法、疏散和现场紧急情况的处理、发生安全生产事故的应急处理措施;安全设备设施、个人防护用品的使用和维护;预防事故和职业危害的措施及应注意的安全事项;有关事故案例。培训时间不少于15h。

班组级安全教育的内容包括:岗位安全操作规程;岗位之间工作衔接配合的安全与职业卫生事项;本工种的安全技术操作规程、劳动纪律、岗位责任、主要工作内容、本工种发生过的案例分析;其他需要培训的内容。培训时间不少于20h。

2)转岗教育培训

本单位人员转岗,要对转岗工人进行其所将要担任新工作的安全教育,对其所要面对的工作环境也要进行交底。

3)新工艺、新材料、新设备等投入生产的教育培训

采用新工艺、新技术、新设备、新材料施工时,应对操作人员进行有针对性的安全教育。

新工艺、新材料、新设备等在投入生产之前,要对项目全体人员进行专项安全教育,重点对新工艺、新材料、新设备等的运用时将要面对的新的安全难题进行安全技术交底,在其运用中会出现很多事先无法预知的安全隐患,为此要进行安全隐患预估,并采取一系列可能的安全防护措施。

6.2.3 安全监理人员培训

公路、水运工程建设项目需要按照要求配置足够的安全监理人员。

培训内容包括:

(1)国家有关安全生产的方针政策、法律法规、部门规章、技术标准和规范性文件。

(2)公路、水运工程重大事故防范、应急救援措施、报告制度、调查处理方法及防护救护措施。

(3)安全监理程序和主要工作内容。

(4)公路、水运工程施工安全监理要点。

(5)安全监理月报和日志主要内容。

(6)审核施工组织设计、专项安全施工方案、结构复杂、危险性较大的施工作业项目专项方案、生产安全事故应急救援预案时的安全工作要求。

(7)日常安全检查和安全巡视工作要点。

(8)安全监理第一次工地会议主要内容。

(9)公路、水运工程典型生产安全事故案例分析。

6.2.4 其他人员教育培训

(1)对安全生产管理有重大影响的重要、关键岗位人员(包括:重要操作岗位人员、技术人员、管理人员等)应进行具有针对性的专业技能和岗位教育。

(2)对项目发生的安全事故在第一时间进行安全教育,分析事故原因,总结教训,杜绝此类事情发生。

(3)对其他地区发生的安全事故,及时对工人进行安全教育。

6.2.5 安全技术交底培训

安全技术交底培训是针对项目职工、施工队伍工人进行的有针对性的安全教育交底,从最基本的安全知识到特殊工序的安全操作,不论危险源大小都要进行安全交底,对近期施工将要遇到的安全隐患也要提前告知。

按协作队伍、工种、工序进行三级安全技术交底教育。

施工单位技术人员应每天对作业人员进行安全交底,并保存交底记录和操作人员的签字记录。班组长应认真执行班前活动制度,生产班组必须认真执行班组安全活动制度。在班前要对所有机具、设备、防护用品及作业环境进行安全检查,并针对专业特点、当天施工任务和生产条件,提出注意事项和防范措施。班组安全活动每天进行,并有记录,尤其是变换工作内容或工作地点的时候要组织所有人员进行安全教育。由班组兼职安全员填写并保存相关记录。不得以布置生产工作替代安全活动内容。

6.2.6 特种作业人员教育培训

1)特种作业人员范围

特种作业是指容易发生人员伤亡事故,对操作者本人、他人及周围设施的安全有重大危害的作业。直接从事特种作业的人员称为特种作业人员。

交通基础设施建设施工过程中可能涉及的特种作业及人员范围包括:

(1)电工作业。含发电、送电、变电、配电工,电气设备安装、运行、检修(维修)、试验工。

(2)金属焊接、切割作业。含焊接工、切割工。

(3)起重机械(含电梯)作业。含起重机械(含电梯)司机、司索工、信号指挥工、安装与维修工。

(4)企业内机动车辆驾驶。含在企业内及码头、货场等生产作业区域和施工现场行驶的各类机动车辆的驾驶人员。

(5)登高架设作业。含2m以上登高架设、拆除、维修工,高层建(构)筑物表面清洗工。

(6)锅炉作业(含水质化验)。含承压锅炉的操作工,锅炉水质化验工。

(7)压力容器作业。含压力容器罐装工、检验工、运输押运工,大型空气压缩机操作工。

(8)制冷作业。含制冷设备安装工、操作工、维修工。

(9)爆破作业。含地面工程爆破、井下爆破工。

(10)危险物品作业。含危险化学品、民用爆炸品、放射性物品的操作工、运输押运工、储存保管员。

(11)其他作业。

2)特种作业教育培训的有关规定

因特种作业有着不同的危险因素,容易损害操作人员的安全和健康,因此对特种作业需要有必要的安全保护措施,包括技术措施、保健措施和组织措施。

特种作业人员必须接受与本工种相适应的、专门的安全技术培训、经安全技术理论考核和实际操作技能考核合格,取得有关主管部门颁发的特种作业操作证后,方可上岗作业;未经培训,或培训考核不合格者,不得上岗作业。

施工现场须建立健全特种作业人员名单并实行动态管理,调出人员应及时标明,其特种作业操作证应及时撤出,确保与现场的实际操作人员相符合。

3)特种作业人员教育培训要点

(1)电气操作人员

电气操作人员必须取得“电工作业”操作证后,持证上岗作业。

电气操作人员必须严格遵守《施工现场临时用电安全技术规范》(JGJ 46—2005)及相关的规程、条例进行操作。

(2)机械设备作业人员

搅拌机、卷扬机、沉桩机、打桩机、钢筋机械等机械设备操作人员必须经过单位专门培训,熟悉本机械的构造、原理、性能及安全技术要求,做到会使用、会保养、会检查、会排除故障;经培训、考试合格并取得正规的《机械操作合格证》。

铲车、叉车、抓斗车、装载车、挖掘机、压路机、推土机、平地机、翻斗机、路面机械等轮式机械操作人员,必须取得主管部门办理的驾驶执照和操作证后,方可单独作业。

桥吊、升降机、卷扬机、电梯维修、电梯操作、电梯安装等起重机械作业,必须经过专业培训,由政府劳动部门发放“安全技术操作证”。

(3)爆破人员

爆破人员须经过专业培训、考核合格,由所在地市公安部门发给《爆破员作业证》持证上岗。严禁无证人员和持爆破地以外爆破证人员从事爆破作业。

(4)金属焊接作业人员

金属焊接作业人员须经过与本工种相适应的、专门的安全技术培训,经安全技术理论考核和实际操作技能考核合格,取得特种作业操作证后,方可上岗作业;未经培训或培训考核不合格者,不得上岗作业。

6.3 安全生产教育培训工作档案

施工单位应建立完善的安全生产教育培训档案,包括从业人员岗前教育培训档案、特种作业人员教育培训档案和安全生产三类人员教育培训工作档案。

6.3.1 从业人员岗前教育培训工作档案

监理单位和施工单位应建立从业人员岗前教育培训工作记录,将其记入个人工作档案,安全生产教育培训考核不合格的人员,不得上岗。对教育培训记录进行动态管理。

6.3.2 特种作业人员教育培训工作档案

施工单位应建立特种作业人员教育培训记录,明确特种作业范围,要求特种作业人员持证上岗,未持有特种作业人员操作证或伪造证书的,不得上岗,同时施工单位应制订相应的奖罚规定,并对特种作业人员教育培训情况实行动态管理。

6.3.3 安全生产三类人员教育培训档案管理

施工单位应建立公路、水运工程安全生产三类人员教育培训记录,对其持证上岗情况和教育培训情况适时予以记录更新,未持有安全生产三类人员考核证书或伪造证书的,不得上岗,同时施工单位应制订相应的奖罚规定,并对安全生产三类人员教育培训以及继续教育培训情况实行动态管理。

6.3.4 安全监理教育培训档案管理

监理单位应建立公路、水运工程安全监理工程师教育培训记录,对其持证上岗情况和教育培训记录情况、从事工程专业类型等适时予以记录更新,未持有安全监理工程师证或伪造证书的,不得上岗。同时监理单位应制订相应的奖罚规定,并对安全监理人员教育培训情况实行动态管理。

7 安全生产费用管理要点

7.1 安全生产费用监督及使用

建设单位在编制工程招标文件时，应当确定公路、水运工程项目安全作业环境及安全施工措施所需的安全生产费用。

监理单位负责安全生产费用的使用过程中的全程监督。安全生产费用经建设单位对监理工程师签字确认的工程安全生产费用使用报表，审核确认无误后进行支付。

施工单位在工程报价中应当包含安全生产费用，一般不得低于投标价的1%，且不得作为竞争性报价。

安全生产费用，应当用于施工安全防护用具及设施的采购和更新、安全施工措施的落实、安全生产条件的改善，不得挪作他用。建设单位和施工单位应确保安全生产费用的科学合理使用。

7.2 适用范围

安全生产投入主要分为以下6大类，要求分阶段、分重点进行使用。

(1)完善、改造和维护安全防护、检测、探测设备和设施支出。

(2)配备必要的应急器材、设备和安全防护用品支出。

(3)安全生产检查与评价支出。

(4)重大危险源、重大事故隐患的评估、整改、监控支出。

(5)安全教育培训费用及应急救援演练。

(6)其他与安全生产直接相关的支出。

7.2.1 完善、改造和维护安全防护、检测、探测设备和设施的支出

(1)"四口"(楼梯口、电梯井口、预留洞口、通道口)、"五临边"(未安装栏杆的平台临边、无外架防护的层面临边、升降口临边、基坑临边、上下斜道临边)等防护、防滑设施;

(2)各种安全警示、警告标志、标牌及安全宣传栏等;

(3)作业中防止物体、人员坠落设置的安全网、棚、护栏等;

(4)各类机电设备和大型施工机械的检测检验费用，设备维修养护费用;

(5)其他安全防护、检测设备和设施。

7.2.2 配备必要的应急救援器材、设备和安全防护物品支出

(1)各种消防设备和器材,救生衣、圈,急救药箱及器材;

(2)各种现场工作人员的安全防护用品支出;

(3)其他为应急救援而准备的物资、工具、设备等。

7.2.3 安全生产检查与评价支出

(1)日常安全生产检查、评估费用;

(2)聘请专家或专业机构参与安全检查、安全风险评估费用。

7.2.4 重大危险源、重大事故隐患的评估、整改、监控支出

(1)对重大危险源、重大事故隐患的辨识、评估、监控、监管费用;

(2)对有重大危险因素的分部、分项工程安全专项施工方案进行论证、咨询的费用。

7.2.5 安全教育培训费用及应急救援演练

(1)购置编印安全生产书籍、刊物、影像资料等;

(2)"三类人员"和特种作业人员的安全教育培训;

(3)内部组织的岗前安全教育培训、安全知识培训;

(4)安全应急救援及预案演练。

7.2.6 其他与安全生产直接相关的支出

(1)召开安全生产专题会议;

(2)举办安全生产为主题的知识竞赛、技能比赛等活动;

(3)根据《北京市公路工程平安工地标准》而增加的安全技术措施所需费用;

(4)建设单位和监理单位共同认定的其他安全费用。

8　隐患排查管理要点

北京市各级交通运输主管部门应建立交通基础设施建设安全生产隐患排查治理监控机制，实施动态监控，挂牌督办，跟踪治理，逐项销号。

8.1　隐患排查制度体系

(1)按照统一部署，确定本地区事故隐患排查登记、公示公告、防范或整改、验收销号全过程的监控机制，建立数据库，分解责任，明确监督人。

(2)排查治理以建设项目为单位，由建设单位牵头，施工单位为主体，监理等从业单位共同参与，明确细化各自职责。对排查出来的重大及特别重大事故隐患，报北京市交通运输主管部门备案。

8.2　事故隐患及重大隐患

事故隐患是指导致人身伤害、工作环境破坏或这些情况组合的危险和有害因素，包括物和环境的不安全状态、人的不安全行为和管理上的缺陷。按照事故可能造成的人员死伤后果，按照《2008年交通基础设施建设安全生产隐患排查治理工作实施意见》(厅质监字[2008]48号)规定，事故隐患分级见表8-1。

表8-1　事故隐患分级

隐患等级	分级判据
	可能造成的死伤人数
特别重大隐患	30人(含30人)以上
重大隐患	10～29人
较大隐患	3～9人
一般隐患	2人以下

对可能造成10～29人死亡的事故隐患，定义为重大隐患，对可能造成30人以上(含30人)死亡的事故隐患，定义为特别重大隐患。

8.3　隐患排查流程

施工单位项目负责人对本合同段施工阶段隐患排查治理负全责。对设计中存在的施工安全考虑不足，缺乏防范生产安全事故技术措施的，施工单位应及时报监理，由建设单位组织设计、监理、施工单位复核，设计单位应提交自查报告。

施工单位安全生产主要负责人对本单位施工项目中的重大及特别重大事故隐患排查治理负领导责任，应审核监控计划，明确时限，落实各环节责任人和监督人，掌握隐患动态。

8.3.1　排查登记

施工单位项目负责人应根据北京市统一的排查要求对各施工工序及设备、危险物品、现场环境与驻地等开展一次全面排查，将排查出的事故隐患分级建档，登记编号，对重大及特别重大的事故隐患由建设单位报各区（县）交通运输主管部门，其中特别重大的事故隐患还应报市交通运输主管部门。当事故隐患等级可能随时间、外界条件变化时，应注重动态监控并在档案中及时调整其等级，对升级为重大及特别重大的事故隐患予以补报，对降级的事故隐患亦应相应报告。

8.3.2　公示公告

施工项目部应当如实向施工作业班组、作业人员详细告知作业场所和工作岗位存在的危险因素、危险特征及防范措施，由双方签字确认。在作业场所明显部位设置重大及特别重大的事故隐患公示牌；制订应急预案并告知作业人员与现场相关人员，必要时组织演练。

在上述场所应设置明显安全警示标志，在无法封闭施工的工地，还应当悬挂当日施工现场危险告示，以告知路人和社会车辆。

建议事故隐患公示牌不宜小于40cm×60cm，版面宜采用黄色底版黑色字体，做到1个隐患1块牌，并根据变化调整，由专职安全员负责动态管理。牌示见表8-2。

表8-2　××合同段隐患公示牌　　　第××号

事故隐患名称	隐患等级	临界危险特征	防控措施	涉险人员名单
施工责任人电话				
施工专职安全员电话				
监理单位监督人电话				
建设单位监督人电话				

8.3.3　防范或整改

施工单位对处在危险区域或有潜在危险的驻地坚决搬迁，对有危险的作业点进行有效防范，对施工机具登记管理，在使用维修前应加强检查，对所有隐患的防范措施应一一审核是否有操作性，是否有效。监理单位应加强对防范整改的监督检查，并对施工单位的整改情况加以书面确认。建设单位应制订奖惩措施，对无防范措施或措施无效及整改不力的施工项目部严格惩处，对仍存在重大及特别重大事故隐患的场所、部位，立即停工整顿。

8.3.4 验收销号

建设单位应制定本项目隐患排查治理的验收销号标准。当有完善有效的防范措施时可验收,但应确保无隐患或施工完工方可销号。在建设单位组织验收销号前,施工单位应先组织自验,项目验收销号结果应按项目管理的隶属关系报各级交通运输主管部门,对难以按时消除事故隐患的,应制订监控措施,落实责任人和整改时限。

8.3.5 监督检查

市交通运输主管部门对存在重大及特别重大的事故隐患项目,应纳入重点督查计划,落实现场督导人员和措施;对未通过验收或销号的项目,应督促建设单位查清原因,落实监控和治理措施。

附录"平安工地"达标验收评判标准及检查表

A 编制说明

A.1 为加强对北京市公路工程"平安工地"建设活动的指导,提高北京市公路工程施工安全管理水平,实现安全管理规范化、标准化、程序化的目标,对北京市在建公路工程项目进行达标验收,特依据《北京市公路工程平安工地标准》(以下简称《标准》),制定《北京市公路工程平安工地达标验收评判标准》(以下简称《验收评判标准》)。

A.2 本市高速公路工程建设项目及列入北京市交通委路政局一般公路新改建工程计划项目。

A.3 本《验收评判标准》总分100分。评判标准见附表1,工程建设项目施工过程中,总分达到80分而低于90分,为"达标";低于80分为不达标;90分及以上者为"优良"。竣工验收之后,实现零伤亡的工程,则为"平安工程"项目。

A.4 本《验收评判标准》各小项评分,采取扣分制,扣完为止。

A.5 建设单位(含项目代建单位)、监理单位、施工单位(项目经理部)按照附表3~附表7的检查评分标准进行评分,各项成绩均达标的建设项目,方确认为达标验收。

A.6 标有"※"的内容为一票否决项,该项内容未达标,则整个项目不达标。施工单位一票否决项全部达标,方进行其他细项的评分。

A.7 建设单位(含项目代建单位)的考核评分(S_1)由北京市交通运输基础设施建设安全监督机构进行考核评定。监理单位(S_2)和施工单位(S_3)评分由建设单位(含项目代建单位)或北京市交通运输基础设施建设安全监督机构抽查的形式进行考核评定。

A.8 工程项目从业单位考核评价分为初期、中期、末期三次评价。初期指公路工程建设项目在监理工程师签发开工令后一个月内,中期指完成投资额的40%~60%,末期指交工验收前,各时段考核评分均为100分,在该考核时段不予评分的项,作不扣分处理,记入总分。具体各时段检查重点内容见附表3~附表7。末期考核完成之后,对整个工程项目,得出综合评价得分和综合评价等级。

综合评价得分=初期考核得分×0.3+中期考核得分×0.5+末期考核×0.2

A.9 施工、监理单位综合评价等级与该企业北京市公路建设市场信用考评工作挂钩。综合评价等级为优的,在相应工程中加2分;综合评价等级为达标的,不加减分;综合评价等级为不达标的,在相应工程中减5分。施工、监理单位加减分情况由建设单位及时录入"北京市公路建设市场信用信息管理系统"。

A.10 对确定为部、市级"平安工地"、"平安工程"的示范工地和示范工程的参建单位，将按照有关文件中的奖惩原则给予通报表扬和奖励，对于不达标的项目要求立即停工整改，同时把相关信息纳入市公路建设市场信用考核管理系统，实现施工现场与建设市场两场联动。

B 评判标准及检查表

B.1 评判标准

公路工程“平安工地”达标验收评判标准见附表1。

附表1 公路工程“平安工地”达标验收评判标准

序号	考核项目	分项总分	达标等级
1	建设单位(S_1)	100分	0~80分,不达标 80~90分,达标 90分及以上,良好
2	监理单位(S_2)	100分	0~80分,不达标 80~90分,达标 90分及以上,良好
3	施工单位(S_3)	100分	0~80分,不达标 80~90分,达标 90分及以上,良好
4	项目总得分(S)	100分	0~80分,不达标 80~90分,达标 90分及以上,良好

注:“80~90分”项的含义是大于或等于80分,小于90分,不含90分。

项目总分200分,计算公式如下:

$$S = S_1 \times N_{js} + S_2 \times N_{jl} + S_3 \times N_{sg} \tag{1}$$

N_{js}、N_{jl}、N_{sg}分别为建设单位、监理单位、施工单位分值的权重,分别赋予0.3,0.2,0.5的数值。

施工单位评分(S_3)包括一票否决项、内业部分和施工现场检查三个部分。一票否决项均达标的情况下,对施工内业(S_n)、施工现场(S_t)和公路工程(S_g)分别进行考核评分。公路工程专项部分(S_g)包括对路基工程(S_{lj})、路面工程(S_{lm})、普通桥梁(S_{pq})、特殊桥梁(S_{tq})、隧道工程(S_{sd})等单位工程的评分,各项得分均为40分。

若某公路工程项目,仅包括上述专项工程中的一项,则该部分评分为某专项工程实际得分与相应权重的乘积,见公式3;若包括以上专项工程的两项以上,则该公路工程项目的具体计算过程适用于公式4。

$$S_3 = S_n + S_t + S_g \tag{2}$$

$$S_g = S_{lj} \times N_{lj}, \text{或} S_{lm} \times N_{lm}, \text{或} S_{pq} \times N_{pq}, \text{或} S_{tq} \times N_{tq}, \text{或} S_{sd} \times N_{sd} \tag{3}$$

$$S_g = (S_{lj} \times N_{lj} + S_{lm} \times N_{lm} + S_{pq} \times N_{pq} + S_{tq} \times N_{tq} + S_{sd} \times N_{sd}) / (N_{lj} + N_{lm} + N_{pq} + N_{tq} + N_{sd}) \tag{4}$$

N_{lj}、N_{lm}、N_{pq}、N_{tq}、N_{sd}分别为路基工程(S_{lj})、路面工程(S_{lm})、普通桥梁(S_{pq})、特殊桥梁(S_{tq})、隧道工程(S_{sd})的权重,对应赋予的数值分别为0.9,0.9,1.2,1.5,1.5。

施工单位得分由施工内业部分(S_n)、施工现场通用部分(S_t)和公路工程(S_g)三个部分加和,最后除以2.4后的分数计入汇总表。建设单位和监理单位检查表总分,最后除以2后所得分数计入汇总表。

考核达标结果按照附表 2 进行汇总。

附表 2　平安工地考核结果汇总表

项目名称：　　　　　　　　　　　　　　　　建设单位：

监理单位：　　　　　　　　　　　　　　　　施工单位：

序号	考 核 项 目	①前期 考核得分	②中期 考核得分	③后期 考核得分	综合 评价	考核 等级
1	建设单位(S_1)					
2	监理单位(S_2)					
3	施工单位(项目经理部)(S_3)					
4	建设项目合同段(S)					

B.2　检查表

1)建设单位

建设单位达标考核检查见附表3。

附表3　建设单位达标考核检查表

项目(工程)名称、合同段:

建设单位名称:

序号	考核项目	分项得分	考核内容及评分标准	考核时段	考核方法	扣分	考核得分
1	政策法规执行(30分)	1.1 转发相关文件(10分)	贯彻落实国家、行业及地方有关工程建设安全管理工作政策、法规要求。发现未转发相关文件者,扣10分	前期、中期、后期	查阅文件		
		1.2"平安工地"实施方案(10分)	制订"平安工地"建设活动实施方案。未见文件,扣10分	前期	查阅文件		
		1.3"平安工地"活动部署(10分)	对"平安工地"建设活动进行部署。没有记录,扣10分	前期、中期、后期	查阅资料		
2	责任制落实(40分)	2.1 组织机构(20分)	建立安全生产组织体系框图,明确归口部门和负责人。责任未落实或责任人不明确,扣20分	前期、中期、后期	查阅资料		
		2.2 规章制度(20分)	建立健全安全生产制度体系,并按照所制定的制度文件执行。缺少有关安全生产管理制度,每一项扣5分,最多扣20分	前期、中期、后期	查阅资料		

续上表

序号	考核项目	分项得分	考核内容及评分标准	考核时段	考核方法	扣分	考核得分
3	招标管理（30分）	3.1 施工单位安全生产条件审查（10分）	※招标文件要求施工单位具有安全生产许可证，按照要求配置安全生产管理人员，方可参加投标。发现未符合要求的施工单位参与投标的，发现一例，扣10分	前期	查阅招标文件		
		3.2 安全管理工作要求（10分）	招标文件对施工项目安全管理工作提出要求。未提出要求，扣10分	前期	查阅招标文件		
		3.3 安全生产管理协议（10分）	与中标单位签订安全生产管理协议，明确安全职责。未签订，扣10分	前期	查阅合同		
4	安全生产费用（20分）	4.1 安全生产费用列支（10分）	在招投标文件中，明确不低于1%的安全生产费用，单独列出，不得作为竞争性报价。未单独列出，发现一项，扣5分，最多扣10分	前期	查阅资料		
		4.2 安全生产费用管理（5分）	安全生产费用管理符合国家行业相关要求，使其很好地投入到工程实际中。不到位，扣5分	中期、后期	查阅资料		
		4.3 安全生产费用支付（5分）	安全生产费用未及时支付，扣5分	中期、后期	查阅资料		
5	驻地选址及平面规划（20分）	5.1 驻地选址（10分）	对项目施工驻地选址选择在易发生滑坡等危险区域，建设单位未提出整改意见的，扣10分	前期	查看现场、查阅文件		
		5.2 功能区划分（10分）	施工现场功能区划分不合理，管理混乱，建设单位未提出整改意见的，扣10分	前期、中期、后期	查看现场、查阅文件		

续上表

序号	考核项目	分项得分	考核内容及评分标准	考核时段	考核方法	扣分	考核得分
6	现场监督（30分）	6.1 现场监督检查计划（10分）	制订现场监督检查计划。没有的，扣10分	前期	查阅资料		
		6.2 现场安全防护检查（10分）	对安全防护设施、人员防护、警示标牌等现场防护设置情况进行定期监督检查。没有的，扣10分	中期、后期	查看工作记录		
		6.3 持证上岗（10分）	安全监理、专职安全管理人员未持证上岗或伪造证书的，发现一例，扣5分，最多扣10分	中期、后期	抽查上岗证		
7	隐患排查（20分）	7.1 隐患排查制度（10分）	隐患排查公示、销号制度不健全，扣10分	前期	查阅文件		
		7.2 存在事故隐患（10分）	※施工现场存在事故隐患，而建设单位未提出整改要求的，对建设单位扣10分	中期、后期	查看现场		
8	事故报告（10分）	8.1 事故报告（10分）	未执行事故快报制度及每月零事故报告制度，瞒报、虚报、迟报扣10分	中期、后期	查阅资料		
合　计							
填表人			填表时间	年　月　日			

2）监理单位

监理单位达标考核检查见附表4。

附表4 监理单位达标考核检查表

项目（工程）名称、合同段：　　　　　　　　　　　　　　监理单位：

序号	考核项目	分项得分	考核内容及评分标准	考核时段	考核方法	扣分	考核得分
1	安全责任制落实（30分）	1.1 监理工程师（10分）	※配备安全监理工程师，明确监理人员的岗位职责、监理内容。未配备安全监理及岗位职责不明确的，扣10分	前期	单位行文		
		1.2 安全监理规章制度（10分）	建立、健全安全监理规章制度，未按照2.3.2节进行制定，扣10分	前期	单位行文		
		1.3 安全生产监理计划（10分）	※编制安全生产监理计划，没有计划，扣10分	前期	单位行文		
2	审查、审批（60分）	2.1 施工组织设计（10分）	对施工组织设计中的安全管理措施进行审查，未审查的，扣10分	前期、中期、后期	查阅文件		
		2.2 专项施工方案（10分）	对危险性较大工程专项施工方案进行审查，未审查的，扣10分	前期、中期、后期	查阅文件		
		2.3 应急预案（10分）	对施工单位编制的应急预案的编制及可操作性情况进行监督审查。未认真审查的，扣10分	前期、中期、后期	查阅文件		
		2.4 安全生产费用（10分）	对安全生产费用使用情况进行监督审查，熟悉安全生产费用使用范围。未认真审查的，扣5分	中期、后期	查阅资料		
		2.5 设计变更（10分）	勘察设计单位有影响安全生产的设计变更，监理单位未及时上报建设单位的，扣10分	中期、后期	查阅文件		
		2.6 分部、分项工程（10分）	对分部、分项工程安全措施进行审查、审批。未审查、审批的，扣10分	中期、后期	查阅文件		

续上表

序号	考核项目	分项得分	考核内容及评分标准	考核时段	考核方法	扣分	考核得分
3	现场安全监督检查（60分）	3.1 驻地选址（10分）	施工驻地选址不符合有关规定，监理单位未提出整改意见的，扣10分	前期	查阅文件		
		3.2 功能区划分（10分）	施工现场功能区划分不合理，管理混乱，监理单位未提出整改意见的，扣10分	前期	查阅文件		
		3.3 安全生产条件（10分）	施工现场办公区、生活区、辅助生产区的设备、设施，不符合安全生产条件，监理单位未提出整改意见的，扣10分	前期	查阅文件		
		3.4 现场安全防护（10分）	施工现场安全防护设施设置不合理，监理单位未提出整改意见的，发现一处，扣10分	中期、后期	查阅文件		
		3.5 持证上岗（10分）	安全生产管理人员、特种作业人员持证上岗情况监督检查，抽查发现有未持证上岗者或伪造证书的，发现一例扣5分，最多扣10分	中期、后期	抽查上岗证		
		3.6 教育培训（10分）	抽查发现存在从业人员教育培训不符合有关要求的，扣10分	前期、中期、后期	抽查上岗证		
4	监理人员教育培训（20分）	4.1 安全监理人员持证上岗（10分）	安全监理人员按规定参加主管部门组织的安全监理培训和继续教育培训，持证上岗。发现有未按规定参加培训、未持证上岗者，或者监理人员证书不符合工程项目类别的，或伪造证书的，发现一例，扣10分	前期、中期、后期	查看工作记录、抽查上岗证		
		4.2 安全监理人员培训（10分）	对安全监理人员进行安全监理工作内部培训，未培训扣10分	前期、中期、后期	查看工作记录		

续上表

序号	考核项目	分项得分	考核内容及评分标准	考核时段	考核方法	扣分	考核得分
5	隐患排查（20分）	5.1 隐患整改制度（5分）	监理单位制定重大事故隐患监督整改制度。未制定的，扣5分	前期	查阅文件		
		5.2 隐患台账（5分）	建立隐患督促台账，督促隐患整改。未建立台账，未及时督促，扣5分	中期、后期	查看隐患整改通知单		
		5.3 存在隐患（10分）	施工现场存在事故隐患，监理单位未出具隐患整改通知单的，扣10分	中期、后期	查看现场		
6	内业资料（10分）	6.1 监理台账（5分）	建立安全监理台账。未建立或未及时更新扣5分	中期、后期	查看文件		
		6.2 内业资料（5分）	及时整理内业资料，归档。未及时整理归档，扣5分	前期、中期、后期	查看资料		
合　计							
填表人			填表时间	年　月　日			

3)施工单位

施工单位考核达标检查见附表5。

附表5 施工单位考核一票否决项

标段名称：　　　　　　　　　　　　　　施工单位名称：

序号	项目	考核内容及评分标准	考核时段	考核方法	是否达标
1	施工驻地选址	※施工驻地选址临近易发生滑坡、高压线等危险区域的，达不到安全距离的	中期、后期	查看现场	
2	临边防护	※现场高处作业、临边、临水、临洞作业未设置安全网或者安全防护围栏的	中期、后期	查看现场	
3	高处作业	※高处作业使用的钢斜梯、钢爬梯、简易木梯等不符合设置要求	中期、后期	查看现场	
4	起重作业	※起重作业时，未按要求设置防护设施，起重臂下站人	中期、后期	查看现场	
5	深井基础	※深井基础施工的爬梯、安全护栏设置存在安全事故隐患的	中期、后期	查看现场	
6	钻孔灌注桩	※钻孔灌注桩孔口安全网、安全护栏，护筒顶盖，警戒设施、警示灯等设置不符合安全要求，存在安全事故隐患的	中期、后期	查看现场	
7	水上钻孔平台	※水上钻孔平台安全护栏，警示灯，航标灯等的设置不符合安全要求，存在安全事故隐患的	中期、后期	查看现场	
8	桥 面	※桥面施工临边未设置安全护栏的	中期、后期	查看现场	

项目经理部内业资料检查见附表6。

附表6　项目经理部内业资料检查表

序号	项目	小项	考核内容及评分标准	考核时段	考核方法	扣分	考核得分
1	安全管理责任制落实（20分）	1.1 安全职责（10分）	建立安全组织机构体系的，且安全管理组织机构体系框图已上墙的，明确其项目负责人、各部门、作业层安全责任负责人。安全职责分工不明确，扣10分	前期中期、后期	查阅文件		
		1.2 安全管理制度（10分）	按照2.3节要求建立安全管理制度体系，内容涵盖安全管理、安全会议、安全检查、事故报告、应急救援、教育培训等基本制度。缺少一项，扣5分，总分扣完为止	前期中期、后期	查阅文件		
2	专项工作（35分）	2.1 专项施工方案（10分）	危险性较大的工程编制专项施工方案的安全措施可操作性不强，扣10分	前期、中期、后期	查阅文件		
		2.2 施工组织设计（10分）	施工组织设计中安全措施可操作性不强，扣10分	前期、中期、后期	查阅文件		
		2.3 风险评估（5分）	按照行业有关要求，对桥隧等重要结构物工程开展风险辨识及评估工作。未按要求开展，扣5分	前期、中期、后期	查阅文件		
		2.4 应急预案及演练（5分）	应急预案及演练。未制订总体、专项应急预案及按照要求开展演练，制订的应急预案可操作性不强，扣5分	前期、中期、后期	查阅应急预案		

续上表

序号	项目	小项	考核内容及评分标准	考核时段	考核方法	扣分	考核得分
2	专项工作（35分）	2.5 出入场登记（2分）	对进入桥梁、隧道等危险性较大工程施工现场的所有人员进行出入场登记。发现未登记的，扣2分	中期、后期	查阅工作台账		
		2.6 安全技术交底（3分）	有安全技术交底记录，但抽查人员与工作记录不符，扣3分	中期、后期	抽查作业人员		
3	安全生产费用（10分）	3.1 适用范围（5分）	安全生产费用使用不符合其适用范围，发现一次，扣5分	中期、后期	查报销目录		
		3.2 安全投入（5分）	安全生产费用未按相关规定及要求进行投入或投入不足，发现一次扣5分	中期、后期	查工作记录		
4	教育培训（10分）	4.1 培训计划（2分）	从业人员教育培训类别和培训内容没有培训计划的，扣2分	前期、中期、后期	查阅工作记录		
		4.2 岗前教育培训（2分）	新入场、新岗位的从业人员，定期进行岗前安全教育培训。未有培训的，发现一次，扣2分	前期、中期、后期	查阅培训档案		
		4.3 三“新”培训（2分）	新工艺、新材料、新设备等投入生产时，未对从业人员进行培训，扣2分	前期、中期、后期	查看培训档案		
		4.4 事故后培训（2分）	事故发生后，未及时针对事故开展教育培训的，扣2分	中期、后期	查阅工作记录、抽查作业人员		
		4.5 技术交底培训（班前安全会）（2分）	对从业人员开展班前安全会，进行安全技术交底培训。培训不完全，或未培训，扣2分	中期、后期			
5	持证上岗（5分）	5.1 专职安全员（3分）	专职安全生产管理人员未持证上岗或伪造假证上岗，发现一例，扣3分	前期、中期、后期	抽查上岗证		
		5.2 特种作业人员（2分）	特种作业人员未持证上岗或伪造证书的，发现一例，扣2分	前期、中期、后期			

续上表

序号	项目	小项	考核内容及评分标准	考核时段	考核方法	扣分	考核得分
6	隐患排查（15分）	6.1 隐患公示牌（5分）	施工现场隐患排查公示、销号公示牌未设立或位置不明显，扣5分	中期、后期	查阅文件		
		6.2 隐患排查计划（5分）	未按要求开展安全事故隐患排查、未制订隐患排查监控计划或可操作性不强，扣5分	中期、后期			
		6.3 存在隐患（5分）	施工现场发现安全事故隐患，未采取相应措施进行整改的，扣5分	中期、后期	查看现场		
7	内业资料（5分）	归档(5分)	及时整理内业资料，归档。未及时整理归档或档案不齐全的，扣5分	前期、中期、后期	查看资料		
合　计							
填表人			填表时间	年　月　日			

施工现场安全检查见附表7。

附表7　施工现场安全检查表

序号	项目	小项	考核内容及评分标准	考核时段	考核方法	扣分	考核得分
1	现场平面布置要求（20分）	1.1 功能区划分（2分）	施工现场功能区不明显，未采取相应的分隔措施，影响安全生产的，扣2分	前期、中期、后期	查看现场		
		1.2 安全距离（3分）	办公生活区与辅助生产区、施工作业区安全距离不够的，扣2分	前期、中期、后期	查看现场		
		1.3 办公生活区（2分）	办公生活区人均办公生活面积、通风、采光、绿化符合办公生活需求，有一项不符合，扣1分，本项最多扣2分	前期、中期、后期	查看现场		
		1.4 办公区（2分）	项目经理部办公区组织机构图、岗位安全职责等图表上墙。未张贴，扣2分	前期、中期、后期	查看现场		
		1.5 生活区（2分）	员工宿舍床、食堂、厕所、盥洗间、文体活动室等生活区符合生产生活和安全卫生、环保要求。有一项不符合，扣1分，超过3处以上最多扣2分	前期、中期、后期	查看现场		
		1.6 辅助生产区（2分）	拌和站、预制场、材料存放场、仓库、加工场、现场道路、临时房屋等辅助生产区，按照要求进行场内地面硬化、有良好的排水系统。有一项不符合，扣1分，超过3处以上，最多扣3分	前期、中期、后期	查看现场		
		1.7 现场道路（2分）	现场道路与现场存放场、仓库、施工设备等位置相协调，满足运输、行车等安全要求。不符合，扣3分	前期、中期、后期	查看现场		
		1.8 消防安全（3分）	施工现场安全距离、消防设施、消防通道建设符合消防安全要求，建立消防安全责任制，明确责任人。有一项不符合，扣3分	前期、中期、后期	查看现场		
		1.9 用电安全（2分）	严格按照施工用电专项组织设计与平面布置进行架设和管理电力线。夜间施工时，现场应设有满足施工安全要求的照明设施。未按要求架设，扣2分	中期、后期	查看现场		

续上表

序号	项目	小项	考核内容及评分标准	考核时段	考核方法	扣分	考核得分
2	通用防护设施设置（36分）	2.1 防护栏杆（4分）	必须设置防护栏杆的部位，包括高处临边作业、施工现场内的沟、坑、水塘边缘、靠近河流和陡壁处的道路、超过2m的工作平台、改建工程新老路分界线、小型临时油库等。在上述部位未按要求设置或设置不规范，发现一处，扣2分，最多扣4分	中期、后期	查看现场		
		2.2 安全网（5分）	墩台施工高度超过10m，设置平网；高处、水上的临时跳板下面设置立网；桥涵施工采用多层作业，桥下有通车及行人立体施工，采用密目式网。未按要求设置安全网的，发现一处，扣1分，最多扣5分	中期、后期	查看现场		
		2.3 防护棚（4分）	通道、上下立体交叉作业、跨线桥梁施工过程中需要设置防护棚或防护层。未按要求设置，或防护棚不符合安全要求的，发现一处，扣2分，最多扣4分	中期、后期	查看现场		
		2.4 防护罩（4分）	钢筋木材加工机械上，外露的转动或对人体易产生伤害的工程机械，应设置机械防护罩。未按要求设置的，或不符合安全要求的，发现一处，扣4分	中期、后期	查看现场		
		2.5 避雷设施（3分）	施工现场内的起重机、井字架、龙门架、钢脚手架、桩基成孔设备、软机处理机械、各类拌和机械等设备高度大于或等于20m时，且在相邻的防雷设施保护范围之外的，应安装防雷设施。未按要求设置的，或不符合安全要求的，发现一处，扣3分	中期、后期	查看现场		
		2.6 工地围挡（4分）	施工现场工地围挡高度、材料、颜色、字体颜色等不符合要求的，存在安全隐患的，扣4分	前期、中期、后期	查看现场		
		2.7 区域分区标牌（3分）	钢筋加工场、预制场、混凝土搅拌场（站）、拌和站、木工加工厂等区域，设置明显区域分区标牌。发现一项未设置的，扣1分，最多扣3分	前期、中期、后期	查看现场		

续上表

序号	项目	小项	考核内容及评分标准	考核时段	考核方法	扣分	考核得分
2	通用防护设施设置（36分）	2.8 个体防护（3分）	个体防护未按照规定配置和使用，发现一项，扣1分，最多扣3分	中期、后期	查看现场		
		2.9 安全操作规程牌（3分）	现场机械设备未设置安全操作规程牌，发现一项扣1分，最多扣3分	中期、后期	查看现场		
		2.10 安全警示标志、标牌（3分）	施工现场安全警示标志、标牌未合理设置，发现一项扣1分，最多扣3分	中期、后期	查看现场		
3	特殊时期和夜间防护（12分）	3.1 特殊时期防护（6分）	对汛期、冬季、重要节假日等特殊时期，未制订或未采取有效控制措施，每项扣2分，最多扣6分	中期、后期	查看现场		
		3.2 夜间施工防护（6分）	对夜间施工，未制订或未采取有效控制措施的，扣6分	中期、后期	查看现场		
4	施工作业安全防护（12分）	4.1 临边防护（4分）	现场高处作业、临边、临水、临洞作业设置的安全网或者安全防护围栏不符合设置要求的，发现一项扣4分	中期、后期	查看现场		
		4.2 高处作业（4分）	高处作业使用的钢斜梯、钢爬梯、简易木梯等设置符合本标准要求，存在安全隐患的，每项扣2分，最多扣4分	中期、后期	查看现场		
		4.3 起重作业（4分）	起重作业设置安全警戒区、安全警示标志，起重机械防护设施符合安全要求。未按要求设置的，发现一处，扣4分	中期、后期	查看现场		

续上表

序号	项目	小项	考核内容及评分标准	考核时段	考核方法	扣分	考核得分
5	边通车、边施工（20分）	5.1 个体防护（5分）	边通车、边施工作业现场人员穿戴具有反光或部分反光性能的安全服和安全帽。发现一例未佩带者，扣2.5分，最多扣5分	中期、后期	查看现场		
		5.2 施工车辆（5分）	边通车、边施工作业现场车辆、机械配置作业警示灯，未设置，发现一例，扣2.5分，最多扣5分	中期、后期	查看现场		
		5.3 交通安全标志（5分）	边通车、边施工公路、城市快速路、汽车专用路施工、一般道路占用机动车、非机动车道路等路面作业，必须按照主管部门要求设置交通安全标志。发现一项不符合，扣2.5分，路口等重要环节，未设置安全标志，扣5分	中期、后期	查看现场		
		5.4 导改人员（5分）	在导改出入口处各设置一人，在施工作业区按照现场需求，设立道路导改人员，要求施工单位提前做好处理疏堵的方案或预案。未按要求设置，扣5分	前期、中期、后期	查看现场		
		5.5 导改设施（5分）	在通车道路与施工分界区要设立防撞墩或反光路锥等道路导改设施，在出入口处安装爆闪灯、警示灯，在坑、洞、沟渠等地方，挂设警戒线和串灯。未按要求设置，扣5分	前期、中期、后期	查看现场		
公路工程部分							
6	路基施工（40分）	6.1 安全护栏（8分）	路基施工的沟、坑、水塘在距边缘1m处设置符合要求的安全护栏。未按要求设置，发现一处扣2分，最多扣8分	中期、后期	查看现场		
		6.2 爆破警戒（8分）	路基施工爆破警戒全防护设施及警示标志、标牌设置符合有关要求。未按要求设置的，存在安全隐患的，发现一处扣2分，最多扣8分	中期、后期	查看现场		

续上表

序号	项目	小项	考核内容及评分标准	考核时段	考核方法	扣分	考核得分
6	路基施工（40分）	6.3 拓宽改建（8分）	路基施工拓宽改建安全防护设施及警示标志、标牌设置符合有关要求。未按要求设置的，存在安全隐患的，发现一处扣2分，最多扣8分	中期、后期	查看现场		
		6.4 高边坡施工（8分）	高边坡施工安全防护设施及警示标志、标牌设置符合有关要求。未按要求设置的，存在安全隐患的，发现一处扣2分，最多扣8分	中期、后期	查看现场		
		6.5 城市道路施工围挡（8分）	城市道路施工在施工区和非施工区交界处，采用全封闭围挡，并按要求设置施工围挡警示灯。未按要求设置，扣2分，最多扣8分	中期、后期	查看现场		
7	路面施工（40分）	7.1 安全护栏（6分）	路面施工的沟、坑、水塘在距边缘1m处设置符合要求的安全护栏。未按要求设置，发现一处扣2分，最多扣6分	中期、后期	查看现场		
		7.2 爆破警戒（9分）	路面施工爆破警戒安全防护设施及警示标志、标牌设置符合有关要求。未按要求设置的，存在安全隐患的，发现一处扣3分，最多扣9分	中期、后期	查看现场		
		7.3 拓宽改建（6分）	路面施工拓宽改建安全防护设施及警示标志、标牌设置符合有关要求。未按要求设置的，存在安全隐患的，发现一处扣2分，最多扣6分	中期、后期	查看现场		
		7.4 高边坡施工（6分）	路面施工高边坡施工安全防护设施及警示标志、标牌设置符合有关要求。未按要求设置的，存在安全隐患的，发现一处扣2分，最多扣6分	中期、后期	查看现场		

续上表

序号	项目	小项	考核内容及评分标准	考核时段	考核方法	扣分	考核得分
7	路面施工（40分）	7.5 平面交叉（5分）	路面施工与公路交叉等安全防护设施及警示标志、标牌设置符合有关要求。未按要求设置的，存在安全隐患的，发现一处扣5分	中期、后期	查看现场		
		7.6 城市道路（8分）	城市道路施工在施工区和非施工区交界处，采用全封闭围挡，并按要求设置施工围挡警示灯。未按要求设置，扣2分，最多扣8分	中期、后期	查看现场		
8	普通桥梁（40分）	8.1 基坑（6分）	※基坑施工过程中爬梯、安全护栏、夜间警示灯等设置符合安全要求。发现设置不符合安全要求，存在隐患的，发现一处扣3分，最多扣6分	中期、后期	查看现场		
		8.2 深井基础（8分）	※深井基础施工的爬梯、安全护栏设置符合安全要求。发现设置不符合安全要求，存在隐患的，发现一处扣4分，最多扣8分	中期、后期	查看现场		
		8.3 钻孔灌注桩（6分）	※钻孔灌注桩孔口防护设置安全网、安全护栏，设置护筒顶盖，警戒设施、警示灯等设置符合安全要求。发现设置不符合安全要求，存在隐患的，发现一处扣3分，最多扣6分	中期、后期	查看现场		
		8.4 水上钻孔平台（8分）	水上钻孔平台设置安全护栏、警示灯、航标灯，发现设置不符合安全要求，存在隐患的，发现一处扣4分，最多扣8分	中期、后期	查看现场		
		8.5 墩台、盖梁（6分）	墩台、盖梁工程施工的安全护栏、登高设施、警戒设施、脚手架搭设等符合安全要求，发现设置不符合安全要求，存在隐患的，发现一处扣3分，最多扣6分	中期、后期	查看现场		
		8.6 桥面（6分）	※桥面施工临边未设置安全护栏，或护栏设置未完全，发现一处扣3分，最多扣6分	中期、后期	查看现场		

续上表

序号	项目	小项	考核内容及评分标准	考核时段	考核方法	扣分	考核得分
9	特殊桥梁（40分）	9.1 拱桥（8分）	拱桥施工安全爬梯、安全护栏设置符合安全要求。发现不符合项，每项扣4分，最多扣8分	中期、后期	查看现场		
		9.2 悬索桥（8分）	悬索桥锚碇、索塔、猫道施工过程中，安全护栏、安全网设置符合安全要求。发现未设置，存在安全隐患的，发现一处扣4分，最多扣8分	中期、后期	查看现场		
		9.3 斜拉桥（8分）	斜拉桥索塔、箱梁、斜拉索安装施工等，作业人员必须穿救生衣，佩带全身安全带，施工平台设置安全护栏。未按要求设置，存在安全隐患的，发现一处扣4分，最多扣8分	中期、后期	查看现场		
		9.4 索塔（8分）	索塔施工设置工作平台，外侧临边设置安全护栏，设置密目安全网。发现一处不符合要求，扣4分，最多扣8分	中期、后期	查看现场		
		9.5 登高设施（8分）	索塔超过40m，外侧应设置电梯和临边爬梯，电梯出入口设置安全通道。未按要求设置，存在安全隐患的，发现一处扣4分，最多扣8分	中期、后期	查看现场		
10	隧道工程（40分）	10.1 施工准备（6分）	施工准备阶段，洞内作业人员穿反光背心、穿绝缘靴、戴防尘口罩进入现场，出入口设置路标指示牌。发现一处不符合安全要求，每项扣3分，最多扣6分	中期、后期	查看现场		
		10.2 门禁系统（5分）	施工准备阶段进出洞口设置门禁系统，未设置，扣5分	中期、后期	查看现场		
		10.3 施工测量（5分）	施工测量人员应佩戴反光安全帽，在测量作业区设置反光作业警示牌。发现一处不符合安全要求，每项扣3分，最多扣6分	中期、后期	查看现场		
		10.4 洞口工程防护（6分）	洞口工程按要求设置防护盖板、防护栏杆、防护网或其他安全防护设施，安全标志、警示灯设置符合安全要求。有一项未按要求设置，扣2分，最多扣6分	中期、后期	查看现场		

续上表

序号	项目	小项	考核内容及评分标准	考核时段	考核方法	扣分	考核得分
10	隧道工程（40分）	10.5 洞口工程警戒人员（6分）	洞口工程警戒人员袖标、警示旗、哨等符合安全要求。不按要求设置，发现一处，扣3分，最多扣6分	中期、后期	查看现场		
		10.6 浅埋段安全检测（6分）	浅埋段工程地表安全监测地段应设置安全护栏，设置地表检测标志。未按要求设置的，发现一处，扣3分，最多扣6分	中期、后期	查看现场		
		10.7 隧道开挖（6分）	隧道开挖钻爆、盾构、出渣、运输、施工支护、衬砌、监控量测、防排水、风水电作业、辅助坑道等过程中，安全平网、安全护栏、警示标志等按要求设置，未按要求设置的，发现一处，扣3分，最多扣6分	中期、后期	查看现场		
合　计							
填表人			填表时间	年　月　日			